EMPATIA ESTÉTICA
E OUTROS VIESES ANTROPOLÓGICOS DA EXPERIÊNCIA
DA ARTE EM EDITH STEIN

Editora Appris Ltda.
1.ª Edição - Copyright© 2024 da autora
Direitos de Edição Reservados à Editora Appris Ltda.

Nenhuma parte desta obra poderá ser utilizada indevidamente, sem estar de acordo com a Lei nº
9.610/98. Se incorreções forem encontradas, serão de exclusiva responsabilidade de seus organi-
zadores. Foi realizado o Depósito Legal na Fundação Biblioteca Nacional, de acordo com as Leis nᵒˢ
10.994, de 14/12/2004, e 12.192, de 14/01/2010.

Catalogação na Fonte
Elaborado por: Josefina A. S. Guedes
Bibliotecária CRB 9/870

C117e 2024	Cabral, Renata Empatia estética e outros vieses antropológicos da experiência da arte em Edith Stein / Renata Cabral. – 1 ed. – Curitiba : Appris, 2024. 186 p. ; 23 cm. – (Ciências sociais). Inclui referências. ISBN 978-65-250-5434-6 1. Stein, Edith. 2. Antropologia filosófica. 3. Empatia. 4. Estética 5. Fenomenologia. 6. Arte. I. Título. II. Série. CDD – 128

Livro de acordo com a normalização técnica da ABNT

Appris
editora

Editora e Livraria Appris Ltda.
Av. Manoel Ribas, 2265 – Mercês
Curitiba/PR – CEP: 80810-002
Tel. (41) 3156 - 4731
www.editoraappris.com.br

Printed in Brazil
Impresso no Brasil

Renata Cabral

EMPATIA ESTÉTICA
E OUTROS VIESES ANTROPOLÓGICOS DA EXPERIÊNCIA
DA ARTE EM EDITH STEIN

FICHA TÉCNICA

EDITORIAL
Augusto V. de A. Coelho
Sara C. de Andrade Coelho

COMITÊ EDITORIAL
Marli Caetano
Andréa Barbosa Gouveia - UFPR
Edmeire C. Pereira - UFPR
Iraneide da Silva - UFC
Jacques de Lima Ferreira - UP

SUPERVISOR DA PRODUÇÃO
Renata Cristina Lopes Miccelli

PRODUÇÃO EDITORIAL
Daniela Nazario

REVISÃO
Marcela Vidal Machado

DIAGRAMAÇÃO
Renata Cristina Lopes Miccelli

CAPA
Carlos Pereira

COMITÊ CIENTÍFICO DA COLEÇÃO CIÊNCIAS SOCIAIS

DIREÇÃO CIENTÍFICA
Fabiano Santos (UERJ-IESP)

CONSULTORES

Alícia Ferreira Gonçalves (UFPB)
Artur Perrusi (UFPB)
Carlos Xavier de Azevedo Netto (UFPB)
Charles Pessanha (UFRJ)
Flávio Munhoz Sofiati (UFG)
Elisandro Pires Frigo (UFPR-Palotina)
Gabriel Augusto Miranda Setti (UnB)
Helcimara de Souza Telles (UFMG)
Iraneide Soares da Silva (UFC-UFPI)
João Feres Junior (Uerj)

Jordão Horta Nunes (UFG)
José Henrique Artigas de Godoy (UFPB)
Josilene Pinheiro Mariz (UFCG)
Leticia Andrade (UEMS)
Luiz Gonzaga Teixeira (USP)
Marcelo Almeida Peloggio (UFC)
Maurício Novaes Souza (IF Sudeste-MG)
Michelle Sato Frigo (UFPR-Palotina)
Revalino Freitas (UFG)
Simone Wolff (UEL)

Aos meus amados pais, Ademário e Rivanda, o meu portal para a vida e inesgotável fonte de amor e amparo, eu dedico tão desbravadora conquista.

AGRADECIMENTOS

À Santa Teresa de Ávila, que primeiro me encontrou com gentileza.

À Santa Edith Stein, que me tomou pela mão e me conduziu até esta entrega.

Aos professores que me orientaram por toda a caminhada, especialmente ao Prof. Dr. Iraquitan de Oliveira Caminha, pela oportunidade e confiança.

Aos meus pais, pelo aconchego.

Aos meus filhos, Caio, Débora, Rachel e Maria, pelo entusiasmo.

Aos irmãos, Thiago e Emanuelle, cunhados, Wassely e Anderson, e sobrinhos, Aimée, Ulysses e Elisa, por compartilharem da minha alegria.

À irmã de alma, Flávia Raquel, por ser o ouvido atento às minhas elaborações.

À amiga Taiara Desiree, pelo estímulo e inspiração por meio do exemplo.

Aos meus gatinhos, Aristóteles e Síssi, pela fiel companhia durante todo o período de produção.

A Deus, por me abençoar incansavelmente.

Muito obrigada!

Aquele que nunca encontrou uma pessoa digna de amor ou ódio nunca poderá experimentar as profundezas em que o amor e o ódio estão enraizados.

(Edith Stein)

PREFÁCIO

Quem se aproxima academicamente e humanamente de Edith Stein corre o risco de ser surpreendido pela profundidade e amplitude da sua rica personalidade, da sua extraordinária capacidade intelectual e da sua coragem de pensar a partir de um compromisso radical com a busca da verdade. A filósofa, que nasceu numa família judia assimilada à cultura burguesa alemã e morreu monja carmelita, mártir e vítima das atrocidades nazistas, representa o que há de mais esperançoso no panorama cultural da primeira metade do século XX na Alemanha. Diante das nuvens escuras de ideologias nefastas em ascensão, brilha como uma estrela luminosa na defesa do humano em todas as suas dimensões, apontando para o poder da centelha divina presente no núcleo individual de cada um.

O alcance da sua vasta reflexão filosófica está ainda em fase de descobrimento no Brasil e no mundo. Conhecida – às vezes superficialmente – pelas suas obras sobre empatia, antropologia e mística, o é muito menos quando se trata de sua teoria estética e do seu pensamento sobre arte. De fato, não chegou até nós um tratado completo sobre arte ou teoria estética, mas sim uma série de afirmações não sistematizadas, as quais, na sua maioria, devem ser buscadas nas suas cartas e na sua autobiografia, além de trechos particulares no contexto de outras obras. O capítulo da sua tese de doutorado dedicado ao tema da empatia estética foi perdido até hoje, fato lamentável, mas que aponta para a presença de reflexões sobre o tema da estética e da arte no conjunto das suas obras.

Encontramos, assim, nos escritos de Stein, não uma teoria bem articulada e sistemática sobre estética e arte, mas sim numerosos *insights* sobre pintura, música, literatura e arquitetura, que culminam na constituição da maior obra de arte que os humanos podem construir em comunhão com o criador e redentor: a própria alma humana que se desvela no processo de autoformação e cuja configuração é um caminho e uma tarefa confiados a cada um.

Há características e hábitos ligados à arte pouco conhecidos de Stein: o fato de ela saber tocar piano, ser leitora apaixonada da literatura alemã e mundial, frequentadora de teatro e ópera. Stein formou o seu caráter com as grandes tragédias, educava a sua sensibilidade estética com *A Flauta Mágica*, de Mozart, e *Fidelio*, de Beethoven, estimava *Os Mestres Cantores de Nuremberg*, de Richard Wagner, e experimentou o poder de cura da música de Bach. Mais tarde, sentiu-se em casa na música gregoriana que despertou o senso do sublime e o reflexo da harmonia divina.

Renata Cabral é, como Stein, uma mulher surpreendente que acumula as qualidades de advogada, artista, filósofa, mãe e escritora, presenteia-nos agora com uma obra inédita e criativa que se propõe a ler nas entrelinhas das obras de Stein, fazendo conhecer aos seus leitores algumas das dimensões menos vistas dessa grande filósofa. Trata-se de uma dissertação de mestrado original e inovadora, ora transformada em livro, que nos convida a seguir o seu olhar de artista, aberto ao novo, para colher verdades desconhecidas, ideias que abrem a mente e o coração, em passagens esquecidas ou nunca lidas com tanta profundidade. Renata, a partir da bem curada pesquisa bibliográfica nos escritos steinianos, trilha com entusiasmo um caminho de descobrimento que liga a arte ao autoconhecimento e ao desenvolvimento pessoal, a partir da dimensão antropológica do espírito, mostrando a importância da sensibilidade, da impressionabilidade, da empatia estética, da interioridade, do silêncio.

Esta obra torna-se, assim, uma contribuição necessária no âmbito das publicações sobre Stein, pois explora, com fina observação e sensibilidade, traços da personalidade sensível, delicada e, ao mesmo tempo, intransigente de Stein, os quais refletem no seu pensamento sobre empatia e arte, estética e crescimento pessoal.

A autora entra em diálogo fecundo com grandes estudiosos de Stein, tanto internacionais quanto nacionais. Domina e nos faz conhecer *en passant*, com leveza, os conceitos-chave da fenomenologia husserliana e da filosofia steiniana, convidando-nos a descobrirmos a nossa própria verdade artística, que se mostra quando estamos disponíveis para trilhar o tão necessário processo de autoformação, que nos leva à nossa essência e ao verdadeiro autodesenvolvimento.

Estamos diante de um convite para fazermos jus à nossa natureza espiritual, pois somente no silêncio da alma seremos capazes de perceber, pela empatia estética, a beleza que há ao nosso redor e dentro de nós ou, como diria Santa Teresa de Ávila, descobriremos a incomparável beleza e as potencialidades de cada alma. Para quem já é leitor de Stein, esta pesquisa de Renata proporcionará uma leitura prazerosa e enriquecedora. Para quem não a conhece ainda, pode ser o início de um descobrimento inesperado.

Ursula Anne Matthias

A professora doutora Ursula Anne Matthias é alemã, defendeu sua tese de doutorado sob o título Die menschliche Freiheit im Werk Edith Steins e dissertação de mestrado intitulada Wesen und Akt in Edith Stein, ambas pela Universidade Pontifícia de Santa Cruz, na Itália. Graduou-se em Filosofia pela Pontifícia Universidade Salesiana, em Roma. É bacharel em Teologia pela Faculdade Católica de Fortaleza (FCF). Atualmente, é membro do Corpo Docente do Curso de Graduação e de Pós-Graduação da Universidade Federal do Ceará (UFC) e pesquisadora do Grupo de Trabalho Edith Stein e do Círculo de Gotinga da Associação Nacional de Pós-Graduação em Filosofia (ANPOF), grupo de pesquisa cadastrado no Conselho Nacional de Pesquisa (CNPq).

APRESENTAÇÃO

Edith Stein empenhou-se na compreensão integral do ser humano e a sua pesquisa é inaugurada evidenciando o seu interesse pelo estudo da empatia, tema de sua tese doutoral, *"Zum Problem der Einfühlung"* ("O problema da empatia"), de 1916, em que a filósofa já dá provas de sua notável proeminência intelectual, seguindo o rigoroso método fenomenológico. Desde então, Stein concluiu pela imprescindibilidade da relação de empatia para a constituição integral da pessoa humana.

Em sua formulação inaugural, a filósofa alemã elaborou um capítulo destinado ao estudo da *empatia estética*, que não chegou a ser publicado em virtude da crise econômica acentuada pela Guerra, tampouco seus manuscritos puderam ser resgatados. E é justo aqui que encontro tanto a maior contribuição deste livro quanto o seu maior desafio. Percebendo que a estética é um tema muito precioso para Stein, a ponto de merecer a sua dedicação na produção de todo um capítulo de sua tese de doutorado, percorri por suas elaborações mais relevantes, contemplando todas as suas fases e garimpei elementos compatíveis com a experiência estética e seus reflexos na formação do ser humano, a partir da sua antropologia filosófica.

Este livro revela, portanto, uma investigação sobre tendências antropológicas de conceitos apreciados na vivência da arte e na experiência estética presentes na filosofia de Stein. Aqui relaciono tais elementos à autoformação do ser humano mediante a ativação de sua dimensão mais elevada, ora a desdobrar, ora a desenvolver o seu núcleo autêntico e singular. Observo e exponho de que modo esse movimento resulta no reconhecimento da autenticidade, alcançada mediante a apreensão de valores favorecida pela experiência envolvendo a arte.

Como campo de pesquisa, vasculhei as mais relevantes obras de Stein em todas as suas fases: fenomenológica, antropológica, cristã e trechos de seus escritos autobiográficos compatíveis com vivências estéticas. Também explorei estudos temáticos publicados por especialistas na sua filosofia e lancei mão de recortes conectados ao tema da estética formulados por outros renomados estudiosos de áreas afins ou satélites.

Do resultado, ofereço uma análise ampla e peculiar que põe a experiência da arte, em toda sua completude, diante da lente de aumento pré-configurada pela filósofa alemã. Nessa ampliação da célula da arte, visualizo evidentes vieses compatíveis com a autoformação humana que se mostram inescusáveis. Partindo da *abertura*, passando pelas *profundezas da alma* e pelos constitutivos do ser humano, destaco o papel dos *sentimentos* e da *empatia* aplicada à estética para a captação de valores em relação à tomada de posição e atualização de potencialidades. Abordo, ademais, o conceito de *verdade da arte*, bem como a relação entre *hábito* e *caráter* cuja aplicabilidade se mostra possível e bastante eficaz no campo da arte. Por último, apresento a formulação de uma possível tendência de almejar um *retorno à casa* que representa uma experiência de *encontro com o ser eterno* por parte do homem cultural que se revela em seu modo de expressão.

Ao final da leitura deste livro, creio eu ser impossível imaginar o estudo do fenômeno da arte e da experiência estética sem considerar os conceitos filosóficos de Stein aplicáveis ao tema.

A autora

SUMÁRIO

INTRODUÇÃO 19

1

DA ARTE PARA A ABERTURA 29

1.1 A percepção é a chave que abre 32

1.2 As possibilidades da abertura 39

1.3 Como arte para desvendar-se: o viés da abertura 43

2

EDITH STEIN, SEUS ABISMOS E PROFUNDEZAS 47

2.1 Eu, caçador de mim 54

2.2 O Castelo Interior: uma análise fenomenológica 57

2.3 O passo à frente de Edith Stein 63

2.4 Como arte para desvendar-se: o viés da interioridade 71

3

A METAMORFOSE QUE SE SENTE 75

3.1 Dos valores 76

3.2 Da experiência 80

3.3 Do sentimento 83

3.4 O tríplice desdobramento da vida espiritual 85

3.5 A expressão para o desvelar-se 86

3.6 Como arte para desvendar-se: o viés do sentimento 89

4

ARTE: VERDADE OU ARMADILHA 91

4.1 Da verdade artística 93

4.2 Da armadilha do artista 102

4.3 Imprevisibilidade da receptividade estética e silêncio da alma 105

4.4 Como arte para desvendar-se: o viés da iluminação 109

5

A EMPATIA ESTÉTICA..115

5.1 Questões preliminares...115

5.2 Empatia e percepção 120

5.3 Etapas da empatia 123

5.4 A empatia no mundo da arte 126

    5.4.1 Das representações das vivências 128

    5.4.2 Das possibilidades observadas de empatia estética 131

5.5 Como arte para desvendar-se: o viés da empatia estética 132

6

TUDO REQUER FORMAÇÃO...135

6.1 Do poder-dever de formar a si mesmo........................139

    6.1.1 Do poder...139

    6.1.2 Do dever...144

6.2 O Ethos da experiência estética 146

6.3 Vislumbre de um plano de formação a partir da estética 148

6.4 Como arte para desvendar-se: o viés da habitualidade 152

7

"ESTAMOS INDO DE VOLTA PRA CASA"..............................155

7.1 Dos "muros do castelo" ao "sentir-se em casa" 157

7.2 Como arte para desvendar-se: o viés da unidade 161

7.3 A analogia do Sol perene..167

CONCLUSÃO..173

REFERÊNCIAS 179

INTRODUÇÃO

A pintura de René Magritte (Lessines/Bélgica, 1898 – Bruxelas/Bélgica, 1967) é um convite ao despertar a partir de um processo de busca das essências que fundamenta o método fenomenológico. Ao representar de maneira realista um cachimbo, informando literalmente *"Ceci n'est pas une pipe"* ("Isto não é um cachimbo"), o pintor induz o espectador a "colocar o quadro entre parênteses"[1], deixando de lado impressões superficiais, para chegar à conclusão de que o que está sendo visto é, na verdade, a representação de um cachimbo, diferente do cachimbo mesmo. Tal entendimento é o resultado da primeira etapa do processo fenomenológico, a *redução eidética* que contempla a *epoché*[2].

Ao se colocar diante do seu objeto, todo pintor habilidoso aplica o mesmo processo fenomenológico num ato de mimesis[3], já que precisa dedicar-se à percepção daquilo que realmente está posto como modelo, veiculando-se pela leitura objetiva e técnica das diversas dimensões que lhe mostra seu objeto (variação de cores, linhas, texturas e detalhes, luz e sombra), devendo abdicar das sensações reativas que lhe causa o objeto por si mesmo, como modos de valoração perceptiva (brilho, intensidade ou se algo parece grande ou muito iluminado, assim como macio ou áspero), capturando a sua forma essencial, para em seguida reelaborar aquelas mesmas sensações, cuja essência também identifica, para transmiti-las como resultado sensível de sua obra de pintura.

Sob o olhar do pintor, uma nuvem possui muito mais elementos perceptíveis do que o simples branco. Diante do que, para um observador comum, seria uma mera superfície branca planando no céu, encontra o

---

[1] Diz-se no método fenomenológico do ato de colocar em suspensão os juízos e convicções dos quais estamos naturalmente imbuídos.

[2] *"Epoche"* significa colocar entre parênteses a atitude natural de modo que a pessoa possa abordar o fenômeno do modo como ele se apresenta. Uma vez que a atitude natural é colocada entre parênteses, a pessoa pode abordar o que, de acordo com E. Husserl, são os dois polos da experiência: *noema* (aquilo que é percebido) e *noesis* (ato de perceber). Através desse método, Husserl nos mostra que na *redução eidética* o noema passa a ser reduzido à forma essencial, a "essência", encontrada a sua garantia de verdade.

[3] Para Aristóteles, a *mimese* é uma imitação à qual o homem se inclina como um meio capaz de *ensinar como aprender*. É a partir dessa tendência que surge a poesia, do mesmo impulso que nos leva a procurar qualquer outro tipo de conhecimento. Enquanto Platão acreditava que a arte tinha uma origem sacra, divina e misteriosa, e considerava a *mimese* estava limitada a uma representação sem propósito, Aristóteles, por outro lado, enaltecia o processo mimético elaborando uma concepção estética para a arte a partir dessa capacidade de imitar, que encontramos na sua obra intitulada *Poética*. (*Cf.* Aristóteles, 2014, p. 16-17, prefácio).

artista elementos extras, oriundos de sua própria capacidade de percepção aprofundada: escalas diversas de cinzas, amarelos neutros ou tons de verde mais frios ou mais quentes, além do branco puro para dar a impressão de profundidade a partir de contrastes, e também de brilho ou a inclusão de elementos de opacidade e textura, enquanto realiza seu estudo de luz e de sombra. Enfim, são inúmeros os aspectos sensoriais oriundos do processo criativo.

O pintor precisa, assim, perceber as próprias sensações e despir-se delas (um processo de *epoché*) para captar a essência de seu objeto, capturando sua forma elementar, para em seguida preencher a forma representada por cada um dos elementos essenciais das sensações que encontrou, das quais antes abdicara, trazendo-as, desta vez, para o espectador de maneira nova e naturalmente acentuada. Porquanto o objetivo do pintor é fazer ver o que não é visto, justamente por ser demasiadamente visto, perdendo pela normalidade sua capacidade de despertar a admiração originária.

Pode-se afirmar que o pintor possui o dom de se deparar com o espanto[4] que lhe chega de maneira imprevisível, abrindo-lhe os olhos para enxergar além do que é visto, e busca mostrar o que conseguiu ver àquele que não viu. Quando essa atividade se torna habitual e consciente, o pintor consegue replicar o processo em si mesmo e passa a descobrir cada vez mais a própria essência, revelando a si próprio algo a mais de seu mundo íntimo. O pintor mesmo se desvenda e encontra um olhar renovado que enxerga um novo mundo, em um contínuo processo de autodescoberta. É a descoberta do mundo que é o si mesmo. O espectador mais atento ouve a mensagem do pintor pela voz da obra de arte, abraçando o espanto do artista e segue, como por meio de um espelhamento, replicando o mesmo itinerário rumo à própria interioridade, apresentado pelo objeto artístico a um caminho íntimo e recém-iluminado, que encontra dentro de si.

Na doutora Edith Stein[5] (Breslau/Alemanha, 1891 – Auschwitz, Polônia, 1942) pude investigar de que maneira os elementos do processo criativo, no

---

[4] Na obra *Metafísica*, Aristóteles considerava a atitude de admiração ou o espanto como o princípio do filosofar: "De fato, os homens começaram a filosofar, agora como na origem, por causa da admiração, na medida em que, inicialmente, ficavam perplexos diante das dificuldades mais simples; em seguida, progredindo pouco a pouco, chegaram a enfrentar problemas sempre maiores [...]" (*Cf.* Aristóteles, 2002).

[5] "Edith Stein nasceu em Breslávia (atual Wroclaw, Polônia, antigo Reino da Prússia), em 12 de outubro de 1891, nas comemorações do Yom Kippur. Em 1911, iniciou os estudos de psicologia e germanística na Universidade de Breslávia. Decepcionada, porém, com o que já considerava uma falta de fundamentação nas ciências humanas (ciências do espírito, segundo a nomenclatura da época), mudou-se em 1913 para Gotinga, a fim de estudar fenomenologia com Edmund Husserl. Em 1916, seguiu Husserl a Friburgo, onde defendeu a tese *O problema da empatia*.

campo da arte, vinculam-se à autoformação da pessoa humana, encontrando vieses antropológicos que conectam a experiência estética com as dimensões do ser humano, considerando-o em sua integralidade. O legado deixado por minha filósofa é sem dúvida atual e aclamado por muitos estudiosos, porquanto traz, de maneira peculiar, uma visão inteligível da estrutura humana e uma abordagem sobre o desabrochar, em um processo de tomada de consciência de si mesmo que consiste na individuação ou, para o esquema de minha pesquisa, no desvendar-se. Para Stein[6], cada ser humano guarda em si, no núcleo da alma, uma essência única e irrepetível e que somente será desvelada por meio de uma autoformação, em um processo gradativo de atualização das potencialidades.

Sei que não são poucas as pesquisas em várias áreas sobre o conceito de empatia em Stein. Afinal, esse foi o tema da tese doutoral dela[7], que tanto a destacou no campo da fenomenologia e, especificamente, em seu direcionamento para uma fenomenologia antropológica. Contudo, poucos se debruçaram sobre o tema da arte e da estética sob o prisma da filosofia steinaina. Parece que é aí onde encontro a maior contribuição deste livro, considerando que *Stein dedicou todo um capítulo de sua tese de doutorado ao estudo da empatia no contexto da experiência estética*. Infelizmente, tal capítulo não chegou a ser publicado pela filósofa em virtude da crise econômica causada pela guerra. Tampouco conservaram-se os manuscritos[8]. No entanto, de alguma maneira encontrei o suficiente para aclarar o objeto desta obra,

---

Converteu-se ao cristianismo em 1917. Por não ter conseguido um posto na universidade pública (em função de ser mulher), lecionou em diferentes instituições privadas, como o Instituto de Pedagogia Científica de Münster. Entrou para o Carmelo de Colônia em 1933, recebendo o nome de Teresa Benedita da Cruz. Foi capturada pela Gestapo em 1942, sendo morta por asfixia em Auschwitz no mesmo ano. É uma das mais fiéis seguidoras da fenomenologia de Husserl e, ao mesmo tempo, autora de uma filosofia original à qual ela denominou *filosofia do ser"* (Stein, 2019a, orelha de livro, grifos do original).

[6] A professora doutora falava seis idiomas e foi a primeira mulher a ocupar uma cátedra em uma universidade alemã, o que ocorre em 1932, na Universidade de Münster. Quando retornou a Göttingen, após o período de prestação de serviços em um hospital em Mährisch-Weisskirchen durante a Primeira Guerra, Stein começou a escrever sua tese de doutoramento. Após vários meses de exaustivas leituras, muitas discussões com o mestre e alguns colegas, além de noites insones perdidas em anotações sem fim, em agosto de 1916 ela apresentou sua tese para uma rígida banca examinadora de professores da Universidade. O resultado final, após quase oito horas de exame, foi uma nota máxima para a tese, com a menção honrosa *"summa cum laude"* ou "máxima com louvor" – a maior graduação possível. Naquele momento, a doutora se colocava entre as únicas doze mulheres doutoras, que existiram na Alemanha dos últimos 500 anos!" (Disponível em: https://www.oarcanjo.net/site/santa-edith-stein-tereza-benedita-da-cruz-2/).

[7] *Zum Problem der Einfühlung* ("O problema da empatia"), 1916.

[8] "A primeira parte de sua tese consistiu na exposição da história do conceito de empatia desde os estudos de J. G. Herder até a atualidade. As partes segunda, terceira e quarta se basearam na fenomenologia da empatia. É na parte quinta que aborda a relevância da empatia na estética. Na sexta, trata de questões éticas [...]. Lamentavelmente, somente se conservou da segunda à quarta parte, somente o que Stein pôde publicar devido à crise

já que o legado de Stein é solo fértil para fornecer o desenvolvimento direcionado da abordagem ora contemplada.

Encontro aqui um campo amplo e profícuo a ser explorado. Os doces frutos dessa visão do acesso à alma via estética já são bastante colhidos em outras áreas, como a Psicologia, a Psiquiatria, a Psicanálise e a Pedagogia. Como uma pequena amostra, posso citar na área da saúde mental os brilhantes resultados encontrados pela doutora Nise da Silveira[9] (Maceió/AL/Brasil, 1905 – Rio de Janeiro/RJ/Brasil, 1999), pela doutora Françoise Dolto[10] (Paris, França, 1908–1988), pela doutora Maria Montessori[11] (Chiaravalle/Itália, 1870 – Noordwijk/Holanda, 1952), pelo doutor Carl Jung[12] (Kesswil/Suíça, 1875 – Küsnacht/Suíça, 1961) e, ainda, pelo doutor Abraham Maslow[13] (Nova York/EUA, 1908 – Califórnia/EUA, 1970). No campo da Pedagogia para a formação do ser humano, encontro na metodologia Waldorf, desenvolvida pelo doutor Rudolf Steiner[14] (Kraljevec/Áustria, 1861 – Dornach/

---

econômica. Tampouco se conservou o texto do manuscrito original, nem o texto datilografado" (Lamas Álvarez; Ramos, 2021, nota 23, tradução própria).

[9] "Apesar de nunca haverem pintado antes da doença, muitos dos frequentadores do atelier, todos esquizofrénicos, manifestavam intensa exaltação da criatividade imaginária, que resultava na produção de pinturas em número incrivelmente abundante, num contraste com a atividade reduzida de seus autores fora do atelier, quando não tinham mais nas mãos os pincéis" (Da Silveira, 1981, p. 13).

[10] "Desenhos, cores espalhadas, formas são, desde logo, meios de expressão espontâneos para a maioria das crianças. Elas gostam de 'contar' aquilo que suas mãos traduziram de seus fantasmas [...]. Estas produções da criança são, assim, verdadeiros fantasmas representados, de onde são decodificáveis as estruturas do inconsciente" (Dolto, 2015, p. 1-2). As estruturas do inconsciente referidas pela psicanalista são as freudianas: "id", "ego" e o "superego".

[11] "Das obras de arte [...] aparece-nos um tipo de civilização primitiva, baseada na força [...]. Em outra parte, obras de uma arte mais apurada revelam-nos o trabalho dos homens a um nível sem dúvida superior de civilização. Podemos dizer então que a mão acompanhou a inteligência, espiritualidade e sentimento, e a marca do seu trabalho transmitiu as provas da presença do homem" (Montessori, 1977, p. 129, adaptado). Montessori afirmava a mão como um órgão psíquico.

[12] "Muitos artistas, filósofos e mesmo cientistas devem suas melhores ideias a inspirações nascidas de súbito do inconsciente. A capacidade de alcançar um meio particularmente rico deste material e transformá-lo de maneira eficaz em filosofia, em literatura, em música ou em descobertas científicas é o que comumente chamamos genialidade" (Jung, 1977, p. 38).

[13] Maslow aponta uma equiparação dos efeitos de *experiências culminantes* resultantes na remoção de sintomas, ocorridas na experiência estética e experiência mística, de maneira equivalente (*Cf.* Maslow, 1962).

[14] R. Steiner fundamenta sua teoria sobre o desenvolvimento cognitivo em seus estudos sobre Goethe (Frankfurt/Alemanha, 1749 – Weimar/Alemanha, 1832) e Schiller (Marbach/Alemanha, 1759 – Weimar/Alemanha, 1805). R. Steiner foi também aluno de F. Brentano (Boppard/Alemanha, 1838 – Zurique/Suíça, 1917). Além disso, foi o responsável pela edição dos escritos científicos da obra de Goethe para a Literatura Nacional Alemã, em 1886 (*Cf.* Romanelli, 2018.). E. Stein considerava que Goethe, ao lado de Henrik Ibsen (Skien, Noruega, 1828 – Oslo/Noruega, 1906) e de Sigrid Undset (Kalundborg/Dinamarca, 1882 – Lillehammer, Noruega, 1949), era reconhecido pela capacidade de apresentar o íntimo da alma humana de um modo profundo: "Para ela (E. Stein), a análise da 'alma humana' apresentada na obra desses três autores é profunda e abrangente, desenvolvendo-se no âmbito das essências, dos arquétipos" (Disponível em: https://formacao.cancaonova.com/afetividade-e-sexualidade/afetividade-feminina/formacao-da-mulher-edith-stein/).

Suíça, 1925), importantes referências. Na fenomenologia, destaco a filosofia desenvolvida pelo doutor Merleau-Ponty (Rochefort/França, 1908 – Paris/França 1961), dedicando-se ao estudo da percepção, compreendendo que o conhecimento nasce e faz-se sensível a partir da corporeidade.

O relevante papel que exerce a filosofia, mormente a partir da fenomenologia, é o de fornecer as bases a outras áreas do conhecimento, como bem nos fala Stein na juventude dos seus vinte e cinco anos, em sua tese *O problema da empatia*[15]:

> O objetivo da fenomenologia é esclarecer e, assim, encontrar a base última de todo conhecimento. Para atingir esse objetivo, ela não considera nada que seja "duvidoso", nada que possa ser eliminado. Em primeiro lugar, não utiliza nenhum resultado da ciência. Isso é evidente, pois uma ciência que se propõe, em última instância, a esclarecer todo conhecimento científico não deve, por sua vez, ser baseada em uma ciência já existente, mas deve ser fundamentada em si mesma. (Stein, 1989, p. 3, tradução própria)

De início, pareceu-me mais simples trilhar pelo desenvolvimento de uma abordagem voltada à análise dos frutos da experiência estética enquanto análogos aos da experiência religiosa e apontar em que medida a arte, assim como a mística, torna-se uma via de acesso progressiva à profundidade interior, com amparo na perspectiva de estratos da alma desenvolvida por Stein desde a obra *Introdução à Filosofia*[16] e consolidada por meio de sua análise fenomenológica do estudo de Santa Teresa (Ávila/Espanha, 1515 – Salamanca/Espanha, 1582), *O Castelo Interior*, publicada como apêndice em *Ser finito e ser eterno*[17].

Contudo, o caminho pareceu-me ingênuo, sinalizando para a necessidade de evidenciar mais incisivamente o problema da empatia dentro da estética, sendo constitutivo da personalidade, cumulada com uma reflexão acerca dessa influência no desenvolvimento da estrutura humana, ouvindo, dessa forma, mais nitidamente a voz de Stein.

Nessa nova perspectiva, visualizei uma estruturação textual da pesquisa em quatro etapas. Primeiro, uma análise estrutural dos atores da relação: a estrutura da pessoa humana e suas especificidades; em seguida, uma

---

[15] *Zum Problem der Einfühlung* ("O problema da empatia"), 1916.

[16] *Einführung in die Philosophie.*

[17] *Endliches und edwiges Sein.*

tratativa do processo formativo, contemplando a questão da liberdade, da inclinação e do impulso para a *"autoformação"*, abordando especialmente a conexão entre a prática ou fruição artística em relação ao desenvolvimento pessoal; no passo seguinte, trataria do caráter empático das relações envolvendo a arte, comparando com os critérios steinianos de conceituação da empatia; por fim, faria uma explanação sobre a possibilidade de elaborar uma metodologia formativa baseada na experiência estética, abordando, como resultado provável, a capacidade de oportunizar o desenvolvimento pessoal por meio da estética, gerando uma autorrevelação inovadora. Tal iniciativa restou válida, principalmente por exalar de maneira mais intensa o aroma pessoal de Stein. Entretanto, a cada nova descoberta com a qual eu me deparava, mais o campo de exploração era ampliado, de maneira que foi preciso admitir que referida metodologia, ainda que louvável por sua ousadia relacionada à oportunidade de consolidar os conhecimentos desvendados de um campo vasto de possibilidades em diversas áreas interligadas, resultaria numa espécie de "monstro de Frankenstein": um trabalho "sem alma", sem um selo pessoal de autenticidade. Isso porque, com tantos recortes de ideias alheias reconfiguradas a partir do meu entendimento pessoal visivelmente limitado quanto à compreensão de conceitos filosóficos basilares, o resultado de todo o meu esforço aparentaria, em certa medida, uma espécie de fraude.

Assim, recorri a uma terceira estratégia e é o resultado desta última o que ora dou à luz. Partindo da realidade experienciada por mim empiricamente, refazendo o caminho de minha própria trajetória pessoal, cujos resultados foram tão reveladores quanto contrastantes em relação ao ponto de partida, procurei o embasamento no seio fenomenológico de Stein, pois era o que me preenchia de sentido quando, de maneira preciosa, mostrou-se abundante como antropologia filosófica. Desde uma reflexão de minha própria vida, observando um comportamento pessoal inicialmente apático e reagente, equivalente a um "barco à deriva", até chegar ao estágio comportamental atual, semelhante à sensação de "ter uma venda tirada dos olhos", cheguei ao reconhecimento da vontade e ao exercício da liberdade, em que a estética, de maneira intuitiva, foi o veículo condutor por todo o percurso.

Isso implica dizer que, sendo uma artista autodidata, de alguma maneira dentro de mim havia uma inteligência distinta e mais ampla que minha própria consciência, que me dirigiu por todo o meu itinerário de autoformação. Enquanto olhava para a tela em branco e materializava ideias colhidas de minhas emoções, eu passei a encontrar oportunidades antes inexploradas em meu cotidiano, que, embora já disponíveis mesmo antes, eu não as percebia.

Enquanto eu escolhia os materiais, analisava a combinação das cores e optava pela aplicação de certa textura, dominando meus impulsos e ouvindo mais a voz do objeto que nascia das minhas mãos, passei a fazer escolhas de vida mais compatíveis com meus propósito e objetivos, os quais se tornavam cada vez mais nítidos, e pude transformar minhas habilidades em realizações. Enquanto representava as mulheres que escolhia como modelos, refletindo sobre o que expressavam para mim, buscando colher amostras de sua essência por um caminho intuitivo, eu passei a enxergar algo em mim mesma que eu desconhecia, pois eu me via refletida na obra que nascia também como um reflexo daquilo que eu capturava de uma pessoa alheia. E quanto mais eu enxergava o outro, mais eu via a mim mesma e cumpria-se, assim, o prenúncio de Oscar Wilde (Dublin/Irlanda, 1854 – Paris/França, 1900): "Um retrato pintado com a alma é um retrato, não do modelo, mas do artista".

Uma coisa ficou muito clara: uma mudança essencial de motivações que, enquanto de início voltavam-se para o campo da busca de reconhecimento e de sucesso, alvos comumente bem típicos para o artista, findaram baseadas no encontro da leveza e da gratidão que se estampa na paz interior, em harmonia com uma inteligência superior e universal.

Uma mudança interior que percorria todas as minhas veias, que é essencialmente compatível com a revelada nas palavras de Vassili Andrêitch, o rico proprietário da novela de Leon Tolstói (Yasnaya-Polyana/Rússia, 1828 – Lev Tolstoy/ Rússia, 1910), *Senhor e servo*, geradoras de inigualável emoção, evidenciando a mudança interior do *senhor*, que, ao sentir a chegada da morte, congelando pela neve enquanto intencionava salvar a vida de seu servo com o calor de seu próprio corpo, dizia acerca de si mesmo, do seu antigo e novo eu[18]: "'Ele[19] não sabia o que eu sei agora. Agora não há erro. *Agora eu sei'*. E novamente ele ouvia o chamado d'Aquele que já o chamara. 'Eu vou, eu vou!', respondia todo o seu ser, jubiloso e comovido. E ele sentia que estava livre, e que nada mais o prendia" (Tolstói, 2014, p. 75).

Acabo de oferecer uma perfeita ilustração, por meio da imagem criada por Tolstói[20], da *tomada de consciência* da parte do *senhor* a partir da aber-

---

[18] A opção pela utilização de imagens literárias para ilustrar o texto, que iniciou-se natural e manteve-se confirmada pelas justificativas, além de favorecer o entendimento do sentido conceitual, diante da *natureza simbólica* da comunicação literária, coaduna com a estratégia utilizada pela própria Stein, com destaque na obra *Ser finito e ser eterno*, quando insere recortes de Homero, de Fausto (Goethe) e, ainda, de Marie von Ebner-Eschenbach.

[19] Referindo-se ao "eu" antigo.

[20] Sobre as forças que nos mobilizam em nossas profundidades, Stein (2020b, p. 5, tradução própria) nos diz: "Muitos de nós os descobrimos em toda a sua intensidade graças aos grandes romances russos: Tolstoi e Dosto-

tura à percepção de valor do eu alheio (*in casu*, o *servo*), valor este que não estava contido nas posses que alguém pode deter, erroneamente tomadas como fonte de valor pessoal pela sociedade. Assim dizendo, somente nessa apreensão do *eu alheio*, o *eu pessoal* posiciona a autoestima valorativa sobre o próprio ser no tempo presente, retirando-a daquilo que já conquistou como posse (tempo passado) ou de sua capacidade de ainda possuir (tempo futuro), gerando, assim, uma entrega em forma de liberdade e paz, experienciando um sentimento de plenitude e imensidão. Apreendendo o valor do servo, o senhor encontrou o próprio valor, despertando-se de sua ilusão pessoal acerca de si mesmo.

Como nos diz Stein, é possível empatizar[21] vivências de tipos alheios que sejam inéditas a mim, verificando-se, portanto, o relato prático de um aprofundamento pessoal por meio da empatia de uma vivência literária, passível de ser experienciada pelo leitor que empatiza a vivência narrada. "Posso empatizar com Goethe lendo suas obras, sem nunca o ter visto antes" (Caballero Bono, 2010, p. 47). Isso porque, como será oportunamente apreciado, a empatia não coincide com a percepção externa: a vivência interior alheia não pode ser percebida, mas sim empatizada[22] e essa experiência é caracterizada pelo conteúdo emocional que é trazido pela arte.

De tal maneira, por meio da habitualidade da experiência da arte, eu vivenciei, no particular,[23] semelhante modo ao que ocorreu na trajetória mesma de Stein: uma "passagem desde o sonho humano de grandeza e desde a vaidade dos próprios dotes até o abandono, a consciência do significado do que é a própria vida nas mãos de *outro*, decidida por *outro*" (Caballero Bono, 2010, p. 47, grifo do original). Colhe-se esse sentimento expressado pela filósofa dos últimos versos de um poema que, de acordo com Caballero Bono (2010, p. 47), é dela a autoria, em que Stein joga com o significado de seu nome, "pedra", e o relaciona à sua descoberta, admitindo-se como uma pedra de mosaico que se adapta às mãos desse *outro* que ela encontra em Deus:

> *Não me perguntes o porquê dos meus anseios,*
>
> *uma pedra sou em teu mosaico;*

---

jevsky, grandes conhecedores da alma humana, nos revelaram as profundezas da existência do homem". A questão será abordada no capítulo 2 desta obra.

[21] Na presente pesquisa, optei por fazer uso da palavra emergente *empatizar* na função de verbo. Isso porque o termo já é citado no Priberam, dicionário de português, e no *Dicionário de Usos do Português do Brasil*, de Francisco S. Borba. Em Portugal, o uso é mais disseminado (Fonte: https://veja.abril.com.br/coluna/sobre-palavras/o-verbo-empatizar-existe).

[22] *Cf.* Stein, 1989.

[23] *Cf.* Cabral, 2022, p. 99-120.

no lugar correto me colocarás,

a tuas mãos eu me adapto.

Nesse trecho, há revelada toda uma trajetória por trás da evolução espiritual de Stein, contemplando seu itinerário desde a frase a ela dedicada por um professor do ensino médio: "golpeia esta pedra e dela brotarão tesouros", até a confissão em primeira pessoa: "uma pedra sou em teu mosaico" (Caballero Bono, 2010, p. 47).

Semelhante algo ocorreu em mim e o mesmo assim ocorre a todo aquele que encontra o caminho até seu núcleo interior: compreendendo-se como um *fenomenólogo*, encontrará dentro de si mesmo o verdadeiro mundo, no qual habita uma essência que se assemelha à inteligência universal que revela um ser eterno. Na visão de Stein (2020b, p. 14, tradução própria, grifo do original), reconhecerá o Rei que habita n'*O Castelo Interior*, o próprio Deus e, assim, chegará à verdade: "*Esta* é a verdade que se encontra quando se chega ao fundo do próprio interior. Quando a alma se conhece a si mesma, reconhece a Deus dentro dela".

Reconheço que uma afirmação aparentemente tão pessoal seria avaliada como sendo desprovida de propósito em se tratando de uma elaboração científica. No entanto, diante da abordagem de Stein, encontro a vivência pessoal como o cerne de toda a sua pesquisa, de maneira que o olhar para a própria vida é a forma mais genuína de geração de conhecimento. Porquanto é Stein a primeira a afirmar que o indivíduo enquanto um ser espiritual (ou seja, capaz de ativar sua dimensão mais elevada, em que encontra a liberdade) não se submete ao contágio de sentimentos e é já ele mesmo um *fenomenólogo*, enquanto seus sentimentos servirão para que ele perceba o verdadeiro conteúdo de sua própria personalidade e a paz que habita em seu interior.

Quando eu me senti motivada a buscar um aprofundamento em uma filosofia da arte com um direcionamento antropológico, eu não tinha uma prévia lucidez sobre o porquê de escolher Stein e onde isso me iluminaria. Porém havia já a certeza indubitável de que eu deveria fazer tal escolha e eis que, de repente, tudo se desvendou em mim e no mundo. Foi quando eu compreendi que não fui eu quem escolhi Edith Stein. Ela já tinha feito a escolha por mim.

1

DA ARTE PARA A ABERTURA

Questão filosófica recorrente: "Se uma árvore cai na floresta e ninguém está perto para ouvir, ela faz ou não faz barulho?"[24]. Mudando um pouco o ponto de vista para aplicar ao contexto, posso indagar: *"Quantas árvores eu já dei conta de ouvir cair hoje?"* ou, mais precisamente, "Caso uma árvore caia no meu quintal e o som não se propague porque eu não abri a porta para percebê-lo, terei exercido minha necessária aptidão de ser humano?". É justamente essa condição de sermos humanos que a questão reformulada acentua: o eu ir até o ouvir de uma árvore cair. Nossa natureza concede-nos a prerrogativa para esse ato intencional de *ir ao encontro* ou *atravessar a ponte* que me leva a encontrar o mundo. Aqui me deparo com um dos principais conceitos da filosofia de Stein: a *abertura* (*Aufgeschlossenheit*), que está intimamente relacionada ao conceito de espírito (*Geist*), perpassando toda a obra da filósofa.

De maneira a lograr uma boa compreensão, pode-se dizer que a *abertura* é a disposição *intencional* de perceber o mundo circundante, habilidade que já é em si um exercício da *dimensão espiritual*[25], portanto, superior do ser humano. Adiante será demonstrado de que modo a *abertura* pode ser estimulada por meio da experiência estética influindo no desenvolvimento do indivíduo.

O conceito de *abertura* é trazido por Stein (2020b, p. 94, grifo e tradução próprios) dentro de uma análise preliminar do ser humano, como sendo algo que distingue o homem de todos os demais organismos:

> Eu olho nos olhos de um animal e algo de lá me olha de volta. Penetra em uma interioridade, dentro de uma alma, que sente meu olhar e minha presença. Mas é uma alma silenciosa, um prisioneiro [...]. Eu olho nos olhos de um ser humano

---

[24] A questão da percepção do som de "uma árvore caindo" é geralmente relacionada à filosofia de George Berkeley (Kilkenny/Irlanda, 1685 – Oxford/Inglaterra, 1753). A posição do filósofo costuma ser resumida pela frase *"esse est percipi"* ("ser é ser percebido").

[25] Aqui não há conotação religiosa. Tem-se uma dimensão superior do indivíduo que se relaciona ao intelecto e à vontade, o que será abordado com maior detalhamento no avançar da explanação.

e seu olhar me responde. Ele me permite penetrar em sua interioridade ou me rejeita. Ele é senhor de sua alma e pode *fechar ou abrir suas portas.*[26]

Por meio da abertura eu posso me dirigir ao mundo exterior ou ao meu interior e me torno capaz, ainda, de expressar a minha interioridade, dando também ao outro a oportunidade de abrir-se em direção a mim. A abertura é, portanto, uma aptidão do espírito, uma porta que nos dá acesso ao mundo. É um saber que é agregado ao ato de perceber, que me leva ao alcance do conhecimento, antes de qualquer ato reflexivo:

> A *forma originária do saber que pertence ao ser e à vida espiritual* não é um saber a posteriori, reflexivo, no que a vida se converte em objeto do saber, mas que é como uma luz pela que está atravessada a vida espiritual como tal. *A vida espiritual é igualmente um saber originário acerca de coisas distintas de si mesma.* Isso quer dizer estar apto para outras coisas, mirar o mundo situado à frente da pessoa. *O saber de si mesmo é abertura* até *dentro,* o saber de outras coisas é *abertura* até *fora.* Aqui está uma primeira interpretação da espiritualidade. (Stein, 2020b, p. 95, grifo e tradução próprios)

O conceito de *abertura*, que se relaciona à interação intencional do sujeito com o mundo refletindo em si mesmo, revela sua maior importância diante da constatação lograda por Stein (2020b, p. 5, tradução própria) de que "cada indivíduo e cada povo têm, em razão de seu modo de ser peculiar e singular, uma missão especial na evolução do gênero humano". Portanto, requer que o alcance da liberdade esteja como meta da qual depende o esforço pessoal devido a cada ser humano em relação à própria contribuição como ser histórico, diante da mais elevada criação da sociedade, a cultura:

> Sua independência e suas capacidades pessoais devem ser despertadas e ser implantadas para que venha a ocupar o lugar que o corresponde em seu povo e na humanidade como um todo. Somente assim poderá efetuar sua própria contribuição à grande criação do espírito humano, a *cultura.* (Stein, 2020b, p. 5, grifo e tradução próprios)

---

[26] A tradução para o português das versões referenciadas, em espanhol e inglês, foi feita de maneira própria e estão presentes durante todo o texto. Como as versões referenciadas já são uma tradução, é desnecessário reproduzir o texto tomado como fonte, pois não estão no idioma original, alemão. Especificamente quando tratamos da empatia, recorremos ao texto original para garantir a precisa utilização do termo *Einfühlung* aplicado por Stein no contexto da compreensão da obra de arte.

Percebe-se que cada indivíduo possui uma singularidade que é como uma impressão digital, única e irrepetível. Cabe a cada um tomar posse da própria liberdade e conduzir-se no processo pessoal de preencher-se daquilo que mantém em sua essência. Porém, esse processo não ocorre por uma condução automática ou totalmente espontânea, já que exige a disposição intencional do sujeito para a sua efetivação. Quanto a isso, cada pessoa deve "dar-se ao privilégio", no melhor sentido, do exercício da aptidão natural para essa abertura, porquanto é essa habilidade que a torna genuinamente humana. Por meio da abertura encontram-se os meios de capacitação para o exercício da liberdade em direção a um fim maior, o cultural. Isso se realiza pelo diálogo entre o mundo exterior e a interioridade, já sendo esta uma atividade desenvolvida na dimensão do espírito. "O ser interior do espírito, o sair para fora e a confrontação entre o interior e o exterior são as dimensões básicas da vida espiritual" (Stein, 2019a, p. 471).

O homem é caracterizado por ser um ser vivo, dotado de ânimo, que, por meio de sua individualidade, ocupa uma posição social, como ser histórico, comunitário e cultural. Assim, experimenta sua condição humana em sua abertura para dentro e para fora, quando esses dois âmbitos estão em contínuo diálogo. É por meio da abertura para fora que o homem também se torna capaz de experimentar a própria interioridade. Na voz de Stein (2020b, p. 37, grifo e tradução próprios), encontro:

> Em tudo o que o homem experimenta se percebe também a si mesmo. A experiência que tem de si mesmo é completamente distinta da que tem de tudo o demais. A percepção externa do próprio corpo é ponte até a experiência do próprio eu [...]. *Mediante essa percepção, sou consciente de mim mesmo, não apenas da mera corporeidade, mas de todo o corporal-anímico-espiritual.* A existência do homem está aberta até o interior, é uma experiência aberta para si mesmo, contudo precisamente por isso está também aberta *até fora* e é uma *existência aberta* que pode conter em si um mundo.

O que significa, então, essa "abertura para fora"? Quer dizer que é a atenção direcionada ao perceber o mundo exterior, pelo olhar e pelos sentidos. Metaforicamente falando, é o abrir a porta da casa para deixar propagar e ouvir o som da árvore que está a cair, para que a vida se mostre como ela é, ampliando-se a capacidade de cognição. Constata-se a relevância da percepção externa para a compreensão particular do mundo exterior e, inclusive, do interior, porquanto contempla o ato de experienciar a si mesmo, resultante do exercício da percepção interna. O exercício da percepção externa (abertura para fora), portanto, induz a prática da percepção interna (abertura para dentro), promovendo um diálogo pautado na experimentação do mundo. Em suma, o indivíduo que se propõe a descobrir o mundo conhece mais de si mesmo, pois estará constantemente cotejando o mundo exterior e interior, usando de comparações, avaliações e discernimento, estimulando a tomada de posição de maneira ativa na construção da própria realidade.

Quando me dou à abertura intencionalmente, é a percepção que surge como a chave que abre a porta e me permite encontrar a compreensão do mundo. À medida que compreendo o mundo, mais compreendo de mim mesma: estar aberto para si mesmo e para o que é distinto de si mesmo, mormente em relação a outro ser humano, são experiências que se sobrepõem. Eu posso, assim, conhecer o que me atrai ou aquilo que evoca em mim uma resposta salutar e favorável, como também sou capaz de compreender aquilo que não me gera afinidade, enquanto estabeleço meios de comparação necessários a minhas escolhas.

Da questão inicial, tem-se que, abrindo a porta para perceber o som de árvores caindo no meu quintal, percebo o som das árvores caindo dentro de mim e essa é uma compreensão simultânea. E a abertura ao mundo vai além de perceber árvores caindo, aqui uma metáfora, porquanto aquele que se dá à abertura será capaz de alcançar uma compreensão gradual de tudo aquilo que ocorre no entorno, especialmente a atenção às questões sociais e ao relevante papel individual para o desempenho da comunidade, refletindo no fenômeno cultural.

1.1 A percepção é a chave que abre

O homem conhece o mundo pelos simples sentidos que se vinculam à percepção. A fenomenologia propõe a retomada do corpo como fonte legítima do conhecimento e aqui há uma dedicação filosófica ao tema fundamental das relações entre o homem (contemplando sua vida psíquica ou espiritual) e o mundo (exterior que se contrapõe ao interior). Disso resulta a compreensão que se revela como um novo paradigma: a pessoa humana é vista como uma unidade de corpo e alma e tem-se o *corpo* como *sede do encontro sujeito-mundo*, afirmando-se o *processo perceptivo* como *experiência originária*, anterior à reflexão, enquanto o corpo situa-se como o lugar de nascimento de todas as outras categorias de entendimento. Nesse sentido, Stein (2005, p. 776, grifos e tradução próprios) afirma que:

> A esta vida do "eu" a designamos também como o *interior* da pessoa, como sua vida anímica ou espiritual, que se contrapõe ao *exterior* da pessoa. [...] consideramos a pessoa humana como uma "realidade composta", como uma *unidade de corpo e alma*. [...]. Ao designar o corpo como o "exterior" desse "interior" não espacial, isso tem o sentido de que o *interior se torna visível através do corpo*, porque o corpo – graças ao seu papel como portador da *expressão* da vida anímica – faz com que o interior se manifeste no mundo espacial.

A fenomenologia é inaugurada por Edmund Husserl (Prossnitz/Império Austríaco, 1859 – Freiburg/Alemanha, 1938), na passagem do século XIX ao século XX, propondo uma filosofia primeiramente dirigida ao processo da consciência no ato de conhecer, ao invés de elaborações teóricas embasadas cientificamente acerca do mundo. O método fenomenológico surge com a pretensão de oferecer um novo paradigma à filosofia e à ciência, apontando para um caminho que se contrapunha ao pensamento dicotômico e dualista até então dominante.

Já Immanuel Kant (Königsberg/Reino da Prússia, 1724-1804) havia promovido:

> [...] um divórcio entre filosofia e ciência quando interdita o discurso filosófico como um saber de objetos dirigidos a regiões do ser, propondo, a partir de tal interdição, que as verdades sobre o mundo não são tarefa da ciência e cabe à filosofia uma investigação sobre a própria razão. (Alvim, 2014, p. 29)

Por sua vez, Husserl demonstra que o conhecimento filosófico deve estar dirigido aos atos da consciência e à aptidão de conhecer, ao invés dos fatos ou objetos da ciência. Por meio da fenomenologia, propõe um método constituído por uma série de reduções que visam levar ao âmbito do transcendental, da consciência pura e universal, compreendendo a atividade da consciência como dotada de um caráter intencional e constituinte.

A *intencionalidade* da consciência está como mediadora entre ela mesma e o mundo, este tomado ou apreendido por uma consciência perceptiva, o que é muito explorado dentro da filosofia merleau-pontyana: "Assumindo a percepção como origem, na obra *Fenomenologia da percepção*, Merleau-Ponty enfatiza o corpo como campo de presença, autor de uma síntese prática, de transição ou de horizonte que confere ao sujeito o sentido de 'eu posso'" (Alvim, 2014, p. 51).

O termo *intencionalidade* é empregado por Husserl a partir das investigações de Franz Brentano (Boppard/Alemanha, 1838 – Zurique/Suíça, 1917), verificando que o caminho para a investigação fenomenológica deveria se constituir em seu âmbito. Porquanto retoma o que já Aristóteles e os escolásticos conheciam como característica dos fenômenos, quando denominavam de "a existência íntima (*Inexistenz*) de um objeto intencional o que nós nomearíamos como a relação a um conteúdo, a direção para um objeto ou a objetualidade imanente" (Lucena dos Santos, 2014, p. 134. *In*: Alfieri, 2014, glossário).

Já tomando as palavras de Stein (2020b, p. 96-97, tradução própria, grifos do original) em relação à intencionalidade, tem-se que:

> Tão logo nós dirijamos o olhar para as próprias sensações, elas se tornam estados de nosso corpo vivenciante/próprio e este "objeto" apropriado nos é dado por meio delas, e elas se anunciam então em uma nova função. Com isso, desentranha-se diante de nós a forma fundamental da vida anímica especificamente humana: a *intencionalidade* ou o estar direcionado para objetualidades: o *eu* que está voltado para um objeto; o *objeto* para o qual o eu se volta; e o *ato*, no qual o eu ocasionalmente vive e se direciona deste ou daquele modo para um objeto.

Trazendo a questão para o âmbito da percepção, tomada pelo caráter intencional, Stein (2005, p. 735, tradução própria) nos diz que "a percepção é o fundamento de toda a experiência", é a base de todo o conhecimento, é ela que nos afirma sobre o mundo e sobre nós mesmos, no tempo vivenciado e antes mesmo:

> A coisa nos é apresentada como uma entidade permanente. Existe mesmo que não a percebamos. E, se a percebermos, então a tomamos como algo que já era anterior à nossa percepção, e eventualmente como a mesma coisa que já tinha ocorrido por meio de percepções anteriores. Agora que a coisa existe, é o que podemos afirmar somente em virtude da percepção.

Com relação à percepção de outro ser humano, em um próximo capítulo trarei uma abordagem sobre a distinção entre percepção e empatia, pois são conceitos primordiais que não se confundem. Já constatei que há grande possibilidade de se atribuir à empatia a qualidade de conceito de maior importância para o entendimento da filosofia steiniana. Com palavras de mesmo sentido, fala Caballero Bono (2010). É necessário, entretanto, compreender antes que "a empatia é importante porque é *ratio cognoscendi* do espírito. Porém o espírito é a *ratio essendi* da empatia. Esta última somente é possível porque o homem é um ser espiritual, constitutivamente aberto" (Caballero Bono, 2010, p. 46, tradução própria, grifos do original).

É certo que, na pessoa humana, o espírito é rigorosamente inseparável do corpo, de maneira que o que define a dimensão espiritual é justamente a abertura, que leva à percepção, conector da empatia:

> Comecemos tratando de compreender a espiritualidade. Espiritualidade pessoal quer dizer *despertar* e *abertura*. Não somente *sou*, e não somente *vivo*, mas que *sei* de meu ser e de minha vida. E tudo isso é uma e a mesma coisa (Stein, 2020b, p. 94 e 95, tradução própria, grifos do original).

Apresentando uma estrutura corpórea e psíquica, o fenômeno humano exibe um peculiar caráter espiritual que guarda a essencialidade humana. Essa dimensão espiritual dá ao homem a possibilidade de ir além da própria estrutura corpóreo-psíquica (ou psicofísica) e é por meio dessa peculiaridade que logra o exercício de sua liberdade, expressando sua livre vontade.

A primeira realização filosófica verdadeiramente pessoal de minha filósofa ocorre depois do curso ministrado por Husserl, intitulado "Natureza e Espírito" (1913): "no mundo mental de Stein tudo o que existe pertence, ou bem à natureza, ou bem ao espírito. E somente a pessoa humana participa eminentemente desses dois âmbitos" (Caballero Bono, 2010, p. 41, tradução própria). Para o mesmo preceito, Stein (2020b, p. 30, tradução própria) aponta quando diz que "o sentido e a justificação deste modo de proceder hão de buscar-se no pertencimento do homem aos dois diferentes âmbitos do ser que damos os nomes de 'natureza' e 'espírito'".

É a dimensão espiritual que torna o homem um indivíduo dotado de intelecto, vontade e capaz de dispor da liberdade a partir de uma vivência integral das características interiores. Essa liberdade está impressa quando o indivíduo supera o nível da *legalidade racional*, onde é mais suscetível de contágio psíquico por influências do meio, e pauta seus atos em uma *legalidade espiritual* baseada em *motivação*.

Espírito é o termo adotado na tradução para o português da palavra alemã *Geist*, que contempla originalmente uma característica intelectiva. Embora este sentido seja geralmente acolhido no campo filosófico, não é propriamente o que foi adotado por Stein. Também é distinto daquilo que está designado pela palavra "mente", embora esta última expressão tenha sido por vezes empregada erroneamente em algumas traduções[27]. Sobre isso, encontro um melhor dizer em Alfieri (2014, p. 32, nota 1, grifo meu):

> O termo espírito (em alemão, *Geist*) não é empregado aqui como referido àquela dimensão humana enfatizada pelas tradições religiosas, segundo uso corrente que se faz hoje do termo [...]. O espírito é, antes, uma dimensão humana, a qualidade específica de ser racional, numa dualidade com o corpo físico, mas não num dualismo que cinde a unidade do indivíduo [...]. Grosso modo, a *dimensão espiritual pode ser constatada pela capacidade humana de conhecer, mas também de autoconhecer-se*, de refletir sobre si sobre o próprio conhecimento e de comunicar em posição de diálogo. Por ser a dimensão pela qual o ser humano supera a trama física, o espírito é o que possibilita o exercício da liberdade.

Sobre as qualidades do espírito, ou seja, dessa dimensão relacionada à capacidade de conhecer e autoconhecer-se dadas a partir da intencionalidade, posso ouvir na voz de Stein (2020b, p. 97, tradução própria, grifos do original) que é a percepção a aptidão mais basilar da dimensão espiritual:

> O espírito que com sua vida intencional ordena o material sensível em uma estrutura, e, ao fazer isso, vê em si um mundo de objetos chama-se *entendimento* ou *intelecto*. A percepção sensível é a sua primeira atividade mais elementar. Mas ele pode fazer ainda mais: pode voltar atrás, ou seja, *refletir*, e, portanto, compreender o material sensível e atos de sua própria vida. Pode, ainda, extrair a estrutura formal das coisas e dos atos da própria vida: *abstrair*. "Pode", quer dizer, é *livre*.

Compreendo desde já, portanto, pela viabilidade de uma formação espiritual em grau básico, por meio do desenvolvimento da percepção, pois já no perceber eu me dirijo à busca de um sentido, trazendo oportunidades de aprofundamento (por exemplo, voltar atrás, refletir, apreender valores etc.).

A abertura é o que fornece a capacidade de o eu mover-se em projeção de vivências não originárias, oriundas de uma consciência alheia, o que equivale à possibilidade de experienciar a empatia. As relações de empatia são tidas por Stein como relevantes e necessárias ao desenvolvimento do indivíduo, em termos verdadeiramente antropológicos dentro da filosofia.

---

[27] *Cf.* Caballero Bono, 2010.

Max Scheler (Munique/Alemanha, 1874 – Frankfurt/Alemanha, 1928), sendo o primeiro a formular uma antropologia filosófica, considerou a excelência do espírito sobre o homem, atribuindo o tal caráter intelectualista à palavra *Geist*. Em sua teoria dos valores, Scheler relacionou a captação de valores inferiores a uma percepção sentimental sensível no âmbito corpóreo (os simples sentidos), posicionada ao lado de uma percepção sentimental espiritual, que capta valores superiores, tais como a beleza e o conhecimento, jogando com o binômio valorativo distinto entre uma dimensão sensível (inferior e corpóreo) e uma dimensão espiritual (superior e intelectual). De maneira diversa, entretanto, para Stein a percepção sensível, como já apontei, é também um ato espiritual porque é uma expressão do espírito, que se dá a partir de uma abertura pessoal, sem que haja uma contraposição entre sensibilidade e espírito. É o que aparentemente se mostra no exemplo que a filósofa nos traz sobre o entendimento de uma característica sensorial a partir de uma percepção externa. Dela se elabora um conceito de *impressionabilidade* do qual tratarei mais adiante, mas que, desde já, posso afirmar que se relaciona a uma apreensão perceptiva apurada: "as vestes nas pinturas de Van Dyck[28] não são apenas brilhantes como seda, mas também lisas e macias como a seda" (Stein, 1989, p. 44, tradução própria). Ou seja, sou capaz de encontrar a ampliação perceptiva no campo sensorial, simplesmente quando acolho de modo atento aquilo que me chega superficialmente unicamente por meio da visão, por exemplo.

Portanto, em Stein não encontro uma contraposição entre percepção sensível versus espírito. Por outro lado, como inicialmente já disse, a distinção existe, sim, na relação entre espírito versus natureza. De tal modo, a percepção sensível, sendo a base do ato espiritual, torna possível um ir além da simples forma material em que o objeto se apresenta para mim e, antes mesmo, um ir além da minha própria constituição material, ao modo de um eu que percebe, já que percebo algo alheio e além de mim. E isso é uma expressão da capacidade de abertura da pessoa espiritual, como um movimento de ir até uma direção além do próprio corpo, que integra sua corporeidade, e é essa a única maneira possível de acesso à troca intersubjetiva entre indivíduos psicofísicos que se expressam:

---

[28] Anthony van Dyck (Antuérpia/Bélgica, 1599 – Londres/Inglaterra, 1641).

> É essencialmente necessário que o espírito só possa entrar em troca com outro espírito por meio da corporeidade? Eu, enquanto indivíduo psicofísico, de fato não obtenho informações sobre a vida espiritual de outros indivíduos *de nenhuma outra maneira* (Stein, 1989, p. 117, grifos e tradução próprios).

Ao abrir-se à relação intersubjetiva, ou seja, à relação com outro sujeito, mormente experienciando a empatia, torna-se possível a apreensão dos valores, o que, dentro de uma visão antropológico-filosófica, promove a constituição pessoal do indivíduo. Ao perceber a própria profundidade, o homem reconhece-se de maneira renovada. Compreende-se capaz de ser o observador das próprias experiências, enquanto pode refletir sobre seus atos e escolhas, logrando, assim, um nível mais qualificado de reações a partir do alcançar da liberdade.

Dentro do tema analisado, encontra-se na arte um eficiente convite à abertura, porquanto atua no campo das percepções e, ademais, possibilita um *sentir* melhor e mais limpo. Nesse *sentir*, o indivíduo aprende de si mesmo e ainda capta novos valores, e são justamente estes que amparam a formação do caráter, como nos mostra Stein (2005, p. 802, grifos e tradução próprios):

> O caráter é a capacidade de sentir e o impulso com o que esse sentir se transforma em vontade e ação [...]. O caráter é a *abertura* (eventualmente também o fechamento) para o reino dos valores, e é a maneira em que um se aplica a sua realização. Por conseguinte, a essência dos valores e a essência do sentir podem ilustrar-nos sobre a estrutura do caráter.

Por um lado, a apreensão de valores pelo *sentir* pode ser estimulada por um evento externo, que influencia a evolução do caráter. Por outro lado, promove um impulso interno por meio da intensidade dos sentimentos[29], resultando no desdobramento da singularidade pessoal (carregada de valores), mediante motivação que se transforma em realização. Nessa realização está expressa a peculiaridade individual. Torna-se, assim, um estímulo ambivalente, de fora para dentro e de dentro para fora, o que percebo ser compatível dentro do desenrolar da experiência estética, porquanto há primordialmente estimulada a capacidade de sentir, que atua como um gatilho de disposição

---

[29] Veremos no capítulo 3 que o conhecimento a que chega o ser humano a partir dos sentimentos gera uma qualificação da interioridade que vai além do conhecimento obtido simplesmente por meio do intelecto. Isso irá evidenciar o quanto a experiência estética se torna fundamental na formação integral da pessoa humana.

para a abertura. Essa própria abertura já é em si um exercício de valor que percorre o conhecimento da personalidade:

> Todo o conhecimento da personalidade tem por vezes o caráter de uma estimativa de valores, e isso se compreende em parte pelo fato de que os níveis da alma correspondem a diversos graus de valor e de que a *abertura* para os valores é já, em si mesma, um valor; contudo, além disso, a individualidade mesma deve considerar-se como um valor ou como portadora de um valor. (Stein, 2005, p. 847, grifo e tradução próprios)

É impossível pensar em qualquer um desses elementos-satélites à abertura (percepção, sentimentos, emoções e valores) desatrelados da experiência da arte. Portanto, compreendo desde já que se torna inviável desassociar a arte da formação do próprio caráter e de um consequente desvelamento da individualidade. Isso mesmo já ocorre a partir do passo inicial de toda a trajetória que, novamente digo, é dado por meio da *abertura*.

Por meio da *abertura* encontro a mim mesma e ao outro. A voz de Stein (2005, p. 847, tradução própria) conduz: "a ampliação de minha própria vida interior me faz conhecer a riqueza interior daquela pessoa". Ao perceber a riqueza que há no outro, vejo-me como sendo também eu mesma dotada de riqueza diante do mundo, um mundo que me é renovado, que eu percebo como novamente descoberto, pois nele, somente a partir de tal ponto, sou pertencente a todos os seres e todos os seres me são pertencentes e juntos, finalmente, somos parte de um todo.

1.2 As possibilidades da abertura

Quando Stein diz que as coisas do mundo se dividem naquelas que estão na *natureza* e nas outras que estão no reino do *espírito*, ela dá à *abertura* a possibilidade de uma dupla direção: à natureza e ao espírito. Participando o ser humano tanto da natureza quanto do espírito, a abertura a outro ser humano – *abertura ao espírito subjetivo* (que é natureza e também espírito) – ocorre por meio da sobreposição dessas duas direções, podendo a abertura meramente à natureza, por exemplo, ser dada pelos simples sentidos ou pela percepção externa, sendo considerada como um nível anterior ao nível da abertura ao espírito, dada mediante uma relação posterior à percepção, quer seja de empatia, quer seja de consciência.

O espírito, assim como a abertura, é um conceito que banha todos os demais conceitos que Stein agrega a seus escritos maduros, como equivalente a *sair de si*, porque sair pressupõe abertura para poder sair. A definição de espiritualidade está abrigada no *despertar* e *abertura*: o estar acordado pressupõe que o olho do espírito esteja aberto. Portanto, o *espírito* equivale à *abertura*. Estou no exercício de minha liberdade e das funções inerentes à dimensão espiritual quando estou a utilizar da prerrogativa da *abertura*.

A pessoa é definida como ser espiritual e livre. A liberdade está submetida à legalidade própria do espírito, a *motivação*. Stein nos oferece uma análise do ato livre que destaca o momento inicial do propósito. O propor--me a algo, o querer, significa que estou aberto a isso, a esse termo de minha vontade. Isso mesmo pode ser dito com relação à caracterização da pessoa como ser consciente e livre, pois a consciência não é nada mais que uma modalidade adotada pelo espírito.[30]

A alma só pode entrar em si mesma se estiver aberta em si mesma, ou seja, no exercício da dimensão espiritual. Porquanto, o indivíduo somente como psicofísico não se dispõe à abertura ou ao conhecimento de si mesmo.

É precisamente pelo fato de ser espírito (em seu âmbito de vontade, intelecto e consciência) que a alma pode atingir a própria profundidade e ali encontrar um local elevado de plenitude. Para Stein, é nesse profundo interior que encontramos a verdade, revelada na aproximação com o *ser eterno*. Assim como para Teresa de Ávila é o Rei que habita o cômodo mais interior, para Stein é Deus quem atua no íntimo da alma. A abertura ao divino não se dá pela apreensão de efeitos sobrevindos de influências externas, mas a partir do impulso que brota do mais íntimo do homem, já que a própria alma se reconhece como dotada de profundidade e busca adentrar a si mesma. Portanto, a abertura ao sagrado (ou ao *espírito divino*) pode ser compreendida também como uma abertura peculiar à própria interioridade, que nos é dada pela consciência de nós mesmos. Em outras palavras, é inerente à natureza humana essa busca pela verdade cujo chamado ecoa do próprio interior, pois é a própria alma individual que deseja se revelar ao ser humano, impulsionando e direcionando para lograr o desdobramento da essência singular do eu.

É em sua análise sobre *causalidade psíquica*[31] que Stein coloca o *espírito divino* ao lado de outros dois âmbitos: o *espírito subjetivo*, o *espírito obje-*

---

[30] *Cf.* Caballero Bono, 2010, p. 57.

[31] *Psychishe Kausalität.*

tivo[32]. Em sentido amplo, *espírito divino* pode ser compreendido como algo sobrenatural, abordado já na obra *Sobre o problema da empatia*, quando trata da possibilidade de relações de empatia tendo espíritos puros como parte. Contudo, em sentido estrito, *espírito divino* é Deus mesmo. A história pessoal de Stein a conduziu nesse sentido, de considerar a abertura do espírito ao próprio Deus como relevante fator de transformação pessoal:

> E isso sucede a partir do primeiro semestre de 1918. É então quando Edith tem uma experiência religiosa que considero decisiva e da qual nos deixa uma alusão em uma carta a Roman Ingarden[33] (aos 12 de maio de 1918), e, sobretudo, duas belas descrições. Essas descrições não nos dizem tanto o que é Deus, mas bem mais como se tem mostrado os efeitos ocorridos sobre ela. (Caballero Bono, 2010, p. 51)

A experiência de Deus é a experiência de empatia com alguém sem corpo vivenciante e sem corpo físico. Uma experiência com alguém invisível, inaudível, intangível. Nisso há o risco de haver ilusões, pois tem-se um distanciamento da percepção sensível, que é a apreensão em carne e osso.[34] No entanto, tal risco existe por qualquer meio de abertura, mesmo nas relações entre pessoas típicas.

Por outro lado, é na abertura ao *espírito objetivo* que deposito meu maior interesse, pois aqui encontro muita relação com qualquer realização da criatividade humana, especialmente a estética, porquanto o espírito objetivo contempla o mundo dos valores e da cultura, já que, ainda que prescindam de matéria, permanecem banhados pelo espírito:

> Valores como bondade, beleza e sublimidade não são pessoas, nem os atos das pessoas são objetos dos súditos, mas eles mesmos não são súditos. Ora, se são seres espirituais, temos diante de nós, em todo caso, um novo tipo de seres espirituais: estamos diante do espírito objetivo. (Stein, 2020b, p. 137, tradução própria)

Cada indivíduo está rodeado por obras do espírito: instituições, livros, o idioma, a arquitetura, as ciências do espírito, o Estado. E nisso tudo há uma consciência própria. A partir dessa compreensão posso entender a enigmática frase que Stein escreve em *Introdução à filosofia*:

---

[32] *Cf.* Caballero Bono, 2010, p. 50.

[33] Cracóvia/Polônia, 1893 – 1970.

[34] *Cf.* Caballero Bono, 2010.

> [...] as ninfas não têm alma, mas têm espírito [...]. Não têm
> alma porque não são reais, porque são personagens de ficção.
> Contudo, têm espírito. Que espírito? O espírito objetivo. As
> ninfas não existem fisicamente, porém existem no mundo
> das fábulas, portanto, no espírito objetivo (Caballero Bono,
> 2010, p. 49-50).

Por um lado, posso compreender que as obras do espírito são as criações do homem espiritual, pois o homem que cria expressa seu espírito, ou seja, sua interioridade mais profunda. Quando de uma formação que se volte à dimensão espiritual, o homem se insere dentro de uma legalidade chamada de *motivação*, a resgatar o indivíduo do determinismo da causalidade, possibilitando pisar os pés em solo sobre o qual caminham as pessoas dotadas de liberdade. Essa é uma prerrogativa do homem espiritual. É por meio da expressão da interioridade do indivíduo que surgem as obras do espírito a partir da *vontade* que se exterioriza na ação: "Agir é sempre produzir o que não está presente. O 'fieri' do querer se conforma ao 'fiat' da decisão volitiva e ao 'facere' do sujeito da vontade em ação" (Stein, 1989, p. 55, tradução própria). Vontade e esforço em diálogo resultam no ato de expressão, cujos registros resultam na formação da cultura.

> A totalidade do que entendemos por autoexpressão também
> pode ser chamada de cultura [...]. Pode-se considerar como
> "uma cultura" a criação do espírito humano em que todas as
> funções vitais essenciais do homem encontraram expressão
> (economia, Direito e Estado, costumes, ciência, técnica, arte,
> religião). E um povo é uma comunidade que pode suscitar
> um tal "consenso". (Stein, 2020b, p. 179, tradução própria)

Entretanto, o espírito objetivo não se limita ao objeto cultural. Ele é luz que banha toda a criação, já que urge da vontade e expressão da ordem maior de todo o Universo: *a maiori, ad minus*. Stein contempla a questão a partir da observação da beleza de uma paisagem, para apontar para um portador de valor que não é uma pessoa ou um ato pessoal. Aqui o valor é a beleza que é de uma paisagem que está na natureza, resultado da criação da ordem universal, sem interferência humana. Tal valor produz efeito no sentimento interior do observador que contempla e acolhe, por meio da abertura, os valores que os elementos da paisagem comunicam:

> A beleza não é algo material, embora o todo configurado que
> a possui seja feito de seres materiais, e a impressão produzida
> pelo todo dependa essencialmente das qualidades das coisas: a
> imobilidade rígida da parede natural confere ao vale o caráter

> de protegido e seguro, assim como os tons luminosos das paredes rochosas conferem a sua clareza peculiar. Acabei de dizer que essa beleza é clara, suave e pacífica. Quem o acolher dentro de si participará dessa clareza, dessa suavidade e dessa paz. Entendemos esse estado da alma, sem mais delongas, como algo espiritual [...]. Chegamos, assim, ao resultado de que *o reino do espírito abrange todo o mundo criado*. (Stein, p. 138 e 139, grifos e tradução próprios)

Na obra *Introdução à filosofia*, encontramos o mesmo entendimento de que todo o mundo circundante está banhado por uma peculiaridade espiritual, que é um poder, que perpassa todas as coisas:

> Entre os produtos da "habilidade humana" contam-se também, em amplo sentido, outras criações: as instituições da vida estatal e social, os ordenamentos jurídicos, os usos e costumes, nos quais encontramos uma determinada estrutura espiritual. Em uma palavra, o mundo inteiro – o visível e o invisível – parece estar regido por poderes espirituais, parece estar contemplado, valorado e eventualmente plasmado por centros peculiares de vida espiritual, cuja peculiaridade reflete precisamente na peculiaridade do mundo circundante. (Stein, 2005, p. 851, tradução própria)

Portanto, o espírito objetivo abrange a totalidade do mundo criado tanto pela ordem universal quanto pelo homem e podemos apreender os valores quando observamos, como Stein nos diz, por exemplo, uma concha do mar que abraça uma pérola, dando-nos conta do amor e do cuidado divinos por nós. São as metáforas que encontramos na natureza que nos revelam uma conexão entre todas as coisas que existem.

1.3 Como arte para desvendar-se: o viés da *abertura*

Resta bastante claro que a *abertura* é o eixo que fundamenta toda a obra de Stein, desde os escritos fenomenológicos até sua fase cristã, que se direciona por distintas possibilidades. Por ser espírito que se abre à interioridade, o ser humano é capaz de reconhecer a si mesmo. Assim também é pela abertura que o *eu* reconhece outro eu e é capaz de experienciar a empatia. Por sua vez, a antropologia de Stein se baseia na abertura aos valores que o indivíduo encontra em suas vivências.

A abertura é, da mesma forma, o eixo que fundamenta este livro, porquanto, por meio da vivência da arte, o indivíduo exercita a abertura à própria interioridade, acolhe suas emoções, reflexões, acessa o valor, alcança a liberdade, realiza-se por meio das motivações.

Dentro da experiência estética, pela própria natureza, é inerente e evidenciado um âmbito propulsor para o sair da alma por diferentes direcionamentos: ao espírito objetivo, à interioridade, à intersubjetividade. Isso pela atratividade, respaldada pelo entrelaçamento do sentimento, que transmite o conhecimento sem a necessidade de uma elaboração intelectual. No que reside o potencial para a ativação da dimensão espiritual mais básica, a perceptiva, com desdobramento em possibilidades de aprofundamento, a partir da reflexão, abstração, elaboração etc., favorecendo o diálogo entre mundo interior e exterior e a ampliação perceptiva de si mesmo.

Tem-se, por um lado, a abertura dentro da elaboração criativa, como a oportunidade a ser exercida pelo artista, para ativação das dimensões mais profundas de sua alma, ou seja, interioridade e vocações espirituais, indo além de seu conteúdo psíquico (alma anímica).

Recorrendo ao significado de *espírito* trazido nas palavras de nossa filósofa, asseguro que a dimensão do espírito não contempla uma natureza espacial, porquanto ela sublinha que se designa "o espiritual como o não espacial e o não material; como o que possui um 'interior' em um sentido completamente não espacial e permanente 'em si', enquanto sai de si mesmo" (Stein, 2019b, p. 384). Com efeito, é o exercício da *abertura* possibilita ao artista uma trajetória, que é natural a todo o ser humano, equivalente ao passar de um eu ingênuo a um eu desperto.

Especialmente em relação à natureza do artista, percebendo-se a frequente ocorrência da disposição para um comportamento mais introspectivo, resta-lhe uma maior vulnerabilidade ao isolamento. É o que pode resultar em uma armadilha para seu despertar, ou seja, em uma alienação quanto à missão pessoal que apenas se realizará dentro de uma coletividade. Assim, sua produção estará muito mais fundamentada na matéria-prima que colhe da própria esfera psíquica, limitando a comunicabilidade do conceito representado pela imagem trazida por meio da obra de arte, cercando o objeto dentro de uma efemeridade. Nesse caso, como consequência desse isolamento em si, sua obra perde o caráter simbólico e pode ser um obstáculo para a elevação interior do artista.

Em sentido contrário, é o que lhe possibilita a abertura, como nos aponta Stein (2019b, p. 384): "Esse 'sair de si' lhe é de novo essencialmente próprio: não como se tivesse um 'em si', mas porque entrega inteiramente seu *ele mesmo*, sem perdê-lo, e nessa entrega, se manifesta inteiramente – em contraposição com a solidão anímica".

Pela experiência estética, o indivíduo é levado a sentir-se sentindo, o que é também um constitutivo da individualidade, como mais adiante detalharei, tanto pelo desenvolvimento do caráter quanto pelo desdobramento da própria singularidade.

Por meio da abertura, impulsionada pela experiência estética, o indivíduo é capaz de intuir, pela empatia, os sentimentos do artista. Pela habitualidade da prática artística, pode, ainda, formar-se, por meio de atos livres, e moldar o caráter.

Por fim, pela experiência estética, cada indivíduo tem a oportunidade de ser levado a encontrar o profundo de si mesmo, sentir-se em casa e transformar, criando, o mundo do qual é vivenciante individual e coletivamente.

Como se sabe, a abertura, apesar de ser uma aptidão natural ao homem, não se dá mecanicamente. A arte é esse convite ameno e gentil que pega o sujeito pelas mãos e oportuniza esse encontro com a parcela de sua natureza mais elevada. Por vezes, ela toma o sujeito por assalto, de espanto. Pode comover, pode intrigar, pode surpreender e dar carga a um movimento emocional de transformação. Também pode ir ao encontro do sujeito nos momentos de lucidez e busca consciente.

Contudo, e muito importante, é que a arte pode ser a única coisa que resta, a única companhia possível, quando não há mais ninguém, quando não há forças para rezar ou pensar em qualquer saída. A arte pode ser a única voz que resta quando só há choro e tempestade. Pode-se constatar por meio do relato de Stein, uma reação à depressão que ela sofria como resposta à carga de sentimentos que vivencia ao ouvir uma canção de Bach (Eisenach/Alemanha, 1685 – Lípsia/Alemanha, 1750):

> Eu apreciava Bach mais do que todos os outros músicos e compositores [...]. Dessa vez, a estrofe retumbou com notas de alegria verdadeiramente combativa [...]. Decerto, é possível que o mundo seja mau, mas me dei conta de que, se eu mesma e o pequeno grupo de amigos em que eu podia confiar empregássemos todas as nossas forças, então terminaríamos com todos os "diabos". (Stein, 2018, p. 160)

Observo nesse trecho uma abertura à interioridade, acionada pela escuta de uma composição. Antes de qualquer reflexão, a filósofa deparou-se com uma renovação de sentimentos, estimulando um novo percurso emocional, para uma direção mais positiva.

A arte pode ser o bom tapa na face, o tapa do fôlego que enche os pulmões a cada nascimento, ou a generosa mão que afaga. Quando nada mais é possível, e não há mais interesse algum, ainda nos resta ouvir uma canção, por exemplo, e por meio dela acender novamente a chama.

Posso imaginar um barco à deriva, levado pelas correntes aquáticas, como o indivíduo psicofísico que somente pode deixar-se influenciar pelos estímulos externos da causalidade psíquica. A percepção é o mastro que abre a vela. Tenho agora um veleiro. Nisso se representa a ativação da dimensão espiritual. Essa é uma boa imagem para ilustrar a abertura. O eu espiritual percebe os ventos, como se fossem o sopro de Deus – ou da ordem que rege a totalidade do Universo –, enquanto todas as qualidades do espírito estão disponíveis: intelecto, vontade, motivação, e o eu pode escolher livremente seus caminhos (ao outro, a si mesmo, ao mundo, ao divino, a tudo isso) e encontrar, nessa fascinante descoberta, um novo mundo do qual participa ativamente. A percepção estimula-se naturalmente por meio da vivência estética. A arte é abertura e, também, espírito.

2

EDITH STEIN, SEUS ABISMOS E PROFUNDEZAS

É precisamente quando adentra na análise das profundidades que Stein se emancipa do seu mestre Husserl. Mirando uma lupa sobre o *eu puro*, a filósofa embrenha-se pelos constitutivos e encontra um *eu profundo*, em que o ponto central orienta e conduz o desenvolvimento da personalidade e o desdobramento da peculiaridade.

Na obra *A estrutura da pessoa humana*[35], Stein (2020b, p. 6-7, grifos e tradução próprios) apresenta uma imagem muito sensível: a do ser humano que se deixa influenciar, passiva e inconscientemente, pelas forças ocultas originárias dos próprios abismos, gerando reflexos na vida da superfície:

> A calma superfície da consciência, ou da vida externa bem ordenada (seja a vida privada ou pública), às vezes é perturbada por estranhas convulsões, que não podem ser derivadas das ondulações anteriores da superfície da consciência. Nos encontramos precisamente diante de uma mera superfície, sob a qual se esconde uma profundidade, e que forças obscuras agem nessa profundidade [...]. Os tais *abismos profundos*, que permanecem ocultos ao eu ingênuo, estão ativos na essencialidade, enquanto a vida da superfície – os pensamentos, sentimentos, movimentos da vontade etc., que afloram com a claridade da consciência, são um efeito do que sucede por baixo dela. Por isso mesmo, o que sucede na superfície é sinal que permite ao analista, e em geral a quem reflete sobre o mundo da alma, adentrar a essas *profundidades*.

Há a necessidade de adentrar as profundidades da alma, a partir de uma abertura à interioridade, para chegar a uma existência plena. Como dito por Stein (2020b, p. 103, tradução própria): "Quem vive predominantemente ou exclusivamente na superfície não pode aceder aos níveis mais profundos".

Assim, essa superficialidade de si mesmo resulta em um verdadeiro aprisionamento, já que todas as escolhas que tomo, ou a minha maneira de agir, tudo isso sofre grande influência do que absorvo do exterior, das

---

[35] *Der Aufbau menschlichen Person.*

pessoas, dos valores distorcidos etc. Quero coisas que nem sei o motivo e percorro caminhos que a lugar algum me levam. Vivo em meio a banalidades, pautando minhas escolhas em efemeridades, vaidade e egoísmo. Sufocada e presa, admirada das sombras da caverna, sou incapaz de enxergar as fontes da verdade. Isso porque estou à deriva, porquanto "vivemos, a maior parte do tempo, sem ter consciência de quem somos. A tomada de consciência (para usar um termo técnico, a tomada de posição) está diretamente relacionada à identificação do núcleo da personalidade" (Alfieri, 2014, p. 16).

Mirando o mesmo horizonte, aponta Savian Filho (*In*: Alfieri, 2014, p. LIX, prefácio) para os fundamentos de uma plenitude pessoal dentro de um processo constante e gradativo de atualização das potencialidades do núcleo:

> Caso a pessoa aceda à profundidade de sua alma, ela adquire uma existência plena. Caso permaneça na superfície, deixa embotadas as possibilidades mais preciosas para sua autorrealização. Descer à profundidade ou ficar na superfície são responsabilidades do indivíduo; dependem de sua liberdade.

Aqui está o ponto mais crucial da filosofia antropológica de Stein: a alma e suas profundidades, em sua relação com o vivenciar do sentimento e da vontade:

> A alma é o centro da pessoa, o "lugar" onde ela está em si mesma. [...] A alma está cheia de si mesma, independente de todas as "impressões exteriores". [...] A alma possui níveis profundos – a isso nos referimos quando falamos da "profundidade do 'eu'". E os níveis hierárquicos dos valores corresponde em cada um nível de profundidade que aqueles "merecem" ser recebidos. Aqui nos é revelada a conexão entre *núcleo da pessoa, sua alma e seu caráter*. (Stein, 2005, p. 811-812, grifos e tradução próprios)

Esse ponto mais íntimo, ao qual se chega quando se pode aceder às profundidades, tem sido apontado como "o grau mais alto" ou "o grau mais elevado" a que a pessoa pode chegar, dando a possibilidade de experimentar a plenitude de uma constante atualização das próprias potencialidades. Assim é como diz Peretti (*In*: Mendes da Rocha, 2021, prefácio, grifo meu):

> Na antropologia steiniana, *o núcleo, ou "alma da alma", é o grau mais elevado que a pessoa pode almejar. É viver segundo uma constante atualização de suas potencialidades*, de modo que seu agir seja livre e consciente, buscando sempre o melhor para si e

para os outros. Esse processo não acontece espontaneamente, mas requer uma formação que gradualmente vai plasmando a pessoa e seu caráter.

Semelhante modo me traz Sberga (2014, p. 3): "o grau mais alto que a pessoa pode almejar é a constante atualização de suas potencialidades, de modo que seu agir seja sempre pautado em seu núcleo interno, que é caracterizado como a 'alma da alma'". Portanto, a liberdade requer esse acesso às próprias profundezas, o encontro e o descobrimento de estratos pessoais que resultam em uma existência plena.

Esse desenvolvimento se manifesta a partir de um processo, do *devir*, que se perpetua por toda a vida. É resultado do diálogo entre mundo exterior e interioridade, que se estabelece pelos estímulos recebidos do entorno, conduzindo ao impulso que brota da própria essência.

Desde sua tese doutoral, Stein estabelece a ideia de um *centro pessoal*, um *núcleo* a partir do qual ocorre uma evolução da personalidade. Nesse conceito, o *eu* não é tratado como um *eu puro* transcendental, mas se trata de um *eu anímico*, cuja constituição está relacionada à capacidade de *sentir* que emerge da *vida psíquica* e *pessoal*, já que se percebe, sensivelmente, como centro de orientação das experiências:

> Poderíamos partir do fenômeno concreto, completo, que temos diante de nós no mundo da experiência, do fenômeno de um indivíduo psicofísico que se distingue nitidamente de uma coisa física. Esse não se dá como corpo físico [*Körper*], mas sim como corpo vivenciante[36] [*Leib*] e senciente, ao qual pertence um eu, um eu que percebe, pensa, sente, quer, e cujo corpo vivenciante não está meramente incorporado no meu mundo fenomenal, mas sim é o próprio centro de orientação de tal mundo [...]. (Stein, 1989, p. 13, grifos e tradução próprios)

Mais adiante, na obra *Introdução à filosofia*, Stein (2005, p. 792, grifo meu) aponta para os níveis de profundidade da alma e já considera o núcleo pessoal como o coração das nossas vivências, quando o eu é compreendido como propulsor do desenvolvimento do indivíduo:

> Em todo ser vivo – novamente à diferença dos corpos materiais – há um *núcleo* ou *centro*, que é genuíno *primum movens*, aquele de onde o movimento próprio tem ultimamente seu

---

[36] Traduzi "*Leib*" para o português como "corpo vivenciante" para aprimorar a noção de um corpo que protagoniza dentro de um fluxo de vivências contínuas. Normalmente o termo tem sido traduzido como "corpo vivo" ou, em menor incidência, como "corpo vivenciado".

ponto de partida. Tal núcleo é aquele do qual podemos dizer em sentido estrito que é o que *"vive"*, enquanto o corpo físico que lhe pertence encontra-se simplesmente "animado". *A "vida" se manifesta no fato de que o "núcleo" determina por si mesmo que é o que acontece com a totalidade do ser vivo.*

Esse entendimento coaduna com a ideia desenvolvida por Santa Teresa de Ávila a partir da metáfora d'*O Castelo Interior*, cuja análise fenomenológica foi elaborada por Stein e publicada como um dos apêndices da sua obra magna, *Ser finito e ser eterno*, como trarei mais adiante. O contato da filósofa judia com a obra daquela *doutora da Igreja* foi de grande influência para sua conversão ao catolicismo. A partir de então, a imagem de "profundidades" da alma foi acentuada com mais intensidade nos escritos cristãos dela.

Por ora, quero destacar que esse núcleo possui uma ambivalência. Por um lado, desenvolve-se a partir de estímulos externos que atuam na formação do caráter. Por outro lado, possui um centro profundo, a alma da alma, que não se desenvolve, porém se desdobra e irradia a singularidade do indivíduo, única, irrepetível, autêntica e personalíssima: "Cada um de nós tem potencialidades individuais que existem antes de cada escolha consciente; *a finalidade de cada indivíduo e o seu pleno desenvolvimento estão pré-inscritos no seu núcleo*" (Stein, 2020b, p. 79, grifos e tradução próprios).

Essa parcela do núcleo que não se desenvolve, é a essência perene onde estão contidas todas as potencialidades características do indivíduo a serem atualizadas, ou seja, desenvolvidas e que, nesse outro lado, deságuam na formação do caráter.

A *disposição original do caráter* se distingue de todas as demais disposições da pessoa pelo fato de que é inerente a ela um fator supremo qualitativo indissolúvel que a impregna totalmente, que dá ao caráter uma unidade interna que o distingue de todos os outros. Essa diferença é a *essência da pessoa*, que não se desenvolve, mas unicamente se desdobra no curso do desenvolvimento do caráter, e com ela vão se desdobrando qualidades singulares e, segundo circunstâncias favoráveis e desfavoráveis, floresce total ou parcialmente; é no *núcleo* idêntico que se encontram todos os possíveis processos evolutivos e também nos resultados do desenvolvimento – condicionados por circunstâncias exteriores – e delimita o âmbito dessas possibilidades. Porque para uma pessoa não é possível qualquer tipo de processo evolutivo; a "essência" ou "núcleo" dessa pessoa coloca limites à sua capacidade de mudança. (Stein, 2005, p. 809, grifos e tradução próprios)

Posso dizer que a essência está abrigada na alma da alma e é como uma voz interior que ecoa até fora, de tom sonoro imutável (ou coloração singular) que banha toda a pessoa, plasma o corpo vivenciante e é impressa em tudo o que expressa. Isso ocorre a partir desse *desdobramento* da alma da alma, impulsionado pelo estímulo do próprio *interior*:

> O *núcleo da pessoa, o qual vai se desdobrando no caráter*, está repleto do colorido individual e constitui a unidade individual inseparável do caráter. Se expressa por meio da manifestação externa da pessoa, molda seu corpo vivenciante (através do qual se converte em "expressão") e se mostra de maneira pura, mistura-se na *alma* da pessoa. (Stein, p. 811, grifos e tradução próprios)

No núcleo pessoal há guardadas todas as possibilidades potenciais do indivíduo a serem ativadas e é esse interior mais íntimo mesmo que direciona o sentido dos caminhos da formação pessoal. É a essência mesma que aflora da alma da alma. Quando essas potencialidades não são despertadas, permanecem adormecidas e são desperdiçadas.

A atualização deve ser proporcionada por meios de formação, tanto pelos profissionais que atuam nas áreas relacionadas (por exemplo, a Pedagogia e as terapias da mente), fornecendo meios, equipamentos e instrução adequada, no entanto, especialmente, pelo próprio indivíduo a partir de suas escolhas, dos atos livres, do domínio dos impulsos e da resposta a um processo formativo de autodescoberta e evolução. Esse é o *desenvolvimento* por um impulso interior em resposta aos estímulos exteriores, que resulta na própria constituição do caráter, desenvolvidos os elementos da psique:

> A psique com todas as suas qualidades é, igualmente ao corpo (enquanto corpo vivenciante), um ser que *se desenvolve*. Não possui suas qualidades desde o início de sua existência, mas as vai adquirindo no curso de sua "vida": essa vida é a série dos estados pelos quais vai passando, ou expressando de outra maneira: a continuada transformação da energia vital em estados psíquicos atuais; no curso deste processo a energia vital é dirigida até uma determinada direção, é "posta à disposição" para certas tarefas, e nisso consiste a formação das disposições psíquicas. Assim como os estados, prescindindo de sua determinação interna, dependem duplamente do exterior, assim também as qualidades ou seu desenvolvimento (que dependem funcionalmente do mundo exterior e que se acham motivadas pelo mundo circundante). (Stein, 2005, p. 800-801, grifos e tradução próprios)

No estudo de Betschart (2019), encontro essa questão bem esclarecida, a qual é acolhida por Lopes Nunes (2021, p. 3, grifo meu):

> Stein tematiza a questão da individualidade a partir da pergunta por um fim. Fá-lo, apresentando o crescimento do ser humano a partir de duas perspectivas diferentes: uma que é a interior, evocando o "desdobramento" do núcleo, e uma outra do ponto de vista exterior, onde se pode averiguar o "desenvolvimento". *O desenvolvimento designa o crescimento da pessoa a partir do exterior*, na medida em que a pessoa está exposta a influências do ambiente. Pelo contrário, o *desdobramento designa o crescimento a partir do interior*, como um revelar-se e explicitar-se da disposição originária. É, pois, a partir do núcleo que o ser pessoal se desenvolve a partir do centro da alma; esta, por sua vez, está enraizada no corpo e desdobra-se pela abertura do homem a si mesmo e ao ser de Deus, que é espírito.

Assim, é possível visualizar que o processo de tornar-se si mesmo ocorre por meio do diálogo entre os estímulos externos, os quais interferem em um desenvolvimento do núcleo que envolve a questão do caráter e, por outro lado, por meio de um movimento interior, que está relacionado ao desdobramento da autenticidade. É essa aparente contradição – de uma personalidade que pode ser desenvolvida e de uma essência que é imutável, ambas pertencentes ao núcleo – que precisa ser levada em conta no entendimento da estrutura da pessoa:

> O caráter da pessoa, entendido no sentido restrito, que se emprega na maneira corrente de falar, e no sentido mais amplo, que engloba em si todas as qualidades da pessoa, não é algo que se encontra já acabado, mas que está em constante *evolução*, transformando-se incessantemente em função de circunstâncias externas que se apresentam na sua vida, e em função do movimento interior, suscitado por tais circunstâncias. Por outro lado, se fala em *desenvolvimento* da personalidade como sendo o desenvolvimento de algo que reside ou que está depositado na pessoa, e que no curso de sua vida vai se manifestando paulatinamente. Haverá que ter ainda em conta essa aparente contradição, quando tratarmos de entender a estrutura da pessoa. (Stein, 2005, p. 777, tradução própria, grifos do original)

Reitero, portanto, o núcleo pessoal como propulsor do desenvolvimento e formação pessoal, onde estão inscritas todas as características pessoais, incluindo aquelas em potencial, e que requerem uma atualização, mediante a evolução da pessoa, que ora se desenvolve em resposta aos estímulos externos, ora se desdobra por meio de um impulso interno a partir de características pré-inscritas:

> Se resumirmos as características particulares que temos visto incluídas no sentido do que é uma "pessoa", então veremos que a pessoa é o sujeito que tem corpo e alma, que possui qualidades corpóreas e anímicas, que está em *evolução* até que se *desenvolva uma disposição originária que ele possui*. (Stein, 2005, p. 778, tradução e grifos próprios)

Dito de outra maneira, o desenvolvimento do ser pessoal se vincula à abertura ao mundo circundante, isto é, como um *fator externo*, quer seja por meio da interação com as outras pessoas, quer seja em relação aos objetos mesmos. Já o desdobramento do núcleo possui um alcance interior, um *fator interno*, pois é revelado na relação da pessoa consigo mesma. Na voz de Stein (2020b, p. 91, tradução própria), temos esse duplo direcionamento, que pertence à sua própria essencialidade: "Que o homem possui uma dupla experiência de si mesmo, uma interna e outra externa, e que ambas se subsistem a sua vez em uma experiência unitária que engloba os dois, é algo que pertence à essência mesmo do homem".

É possível compreender essa ambivalência como contemplada em todos os níveis da alma, desde os mais periféricos aos mais nucleares, e como sendo inerente ao ser humano enquanto um ser que se percebe interna e externamente, cuja sensibilidade é inerente à abertura da natureza, ou à abertura a si mesmo, espírito, e que nisso mesmo está contido o sentido de ter alma:

> T*er alma* quer dizer possuir um centro interior, no que vem de fora, e do que procede quando se manifesta na conduta do corpo como proveniente de dentro. Trata-se de um ponto de intercâmbio, em que importam os estímulos e de onde brotam as respostas. E se a vida animal consiste em um inquieto ser levado daqui para lá, o lugar próprio dessa inquietude é a alma, que está em poder de um incessante movimento do qual não pode se afastar. (Stein, 2005, p. 53, grifos e tradução próprios)

Desse diálogo bastante pessoal, entre mundo externo e interioridade, a alma humana parte de um campo sensitivo, que é conatural aos demais animais, caminha no aprofundamento da alma psíquica, já diferenciada dos demais seres, chegando até a alma própria, na dimensão espiritual. Tenho como resultado desse processo a manifestação e a realização daquela *essência* que já está inscrita na natureza mais íntima que a constitui, como fonte propulsora do próprio desenvolvimento. Posso afirmar que:

> Embora o núcleo esteja sujeito ao devir e se vá atualizando nas vivências pessoais, tudo o que se vai abrindo e expressando no carácter e nas expressões corporais, já está de alguma maneira contido no núcleo, pois que este encerra as possibilidades de realização da pessoa. O núcleo pode ser pensado como uma forma vazia, um *a priori*, ou uma *possibilidade* de realização. É a partir do núcleo que todo o ser humano se vai formando (tomando forma), e é a partir desta formação que a sua individualidade se especifica qualitativamente. (Lopes Nunes, 2020, p. 21, grifo meu)

As profundidades de Stein que se relacionam aos estratos pessoais, da periferia ao centro, até chegar ao núcleo, revelam-se por toda a pesquisa dela, encontrando sentido a partir de si mesma em suas próprias vivências, o que me dá a possibilidade de entender que minha singularidade não pode ser tocada por ninguém. Mesmo em situação crítica como a dos campos de concentração, vivenciada por Stein, a filósofa continuou a ser ela mesma, conservou sua singularidade[37].

2.1 Eu, caçador de mim

As palavras de Alfieri (2014, p. 74, nota 19, grifos meus) trazem a verdade com um brilho irretocável e muito preciso:

> Quando Edith Stein lê *O Castelo Interior* de Teresa d'Ávila e diz "Eis a verdade" isso não é apenas uma questão de fé. Ela se dá conta de que o *caminho que Husserl faz em direção aos fenômenos, Teresa d'Avila o faz em direção a si mesma* [...]. Quando Edith Stein lê essa obra, percebe que a fenomenologia pode auxiliar as pessoas a trilhar seu caminho interior. Nesse sentido, a conversão de Edith Stein abraça, além do aspecto religioso, o caráter filosófico: *o estudo e a pesquisa ocorrem sobre o fenômeno, mas a investigação é sobre si mesma* [...]. Edith Stein, pretende indicar com isso que o olhar do fenomenólogo não se volta apenas aos fenômenos do assim chamado mundo exterior, mas volta-se para si mesmo, em busca de clarear o que ele mesmo é, o fenomenólogo.

---

[37] *Cf.* Alfieri, 2014.

A beleza desse trecho se relaciona com esse algo de inquietante que se move em Stein e que, de modo semelhante, ocorria em Santa Teresa. Esse algo que a instiga a encontrar as respostas para os próprios *enigmas existenciais*, iluminando-os por meio de um *entendimento* e trazidos à guisa de uma *razão fenomenológica*. Era a verdade que nela mesma habitava que Stein almejava atingir e, encontrando tal verdade em si mesma, compreendeu que conhecia a face de Deus: "Quem procura a verdade, consciente ou inconscientemente, procura Deus"[38].

Em sua busca contínua por essa fonte de luz que brotava de seu coração, a filósofa embrenhou-se nas próprias profundezas, sangrou seus íntimos abismos e, cavando um túnel de volta, ergueu-se em um campo florido. Assim como ouço na canção, "abrindo o peito à força numa procura", Stein pode ser considerada como um "eu, caçador de mim", doando de si, do particular, para o universal tão preciosa descoberta:

> *Longe se vai, sonhando demais*
>
> *Mas onde se chega assim*
>
> *Vou descobrir o que me faz sentir*
>
> *Eu, caçador de mim...*[39]

E o *sentir* abraça o indivíduo de muitas e muitas maneiras. Segundo Descartes (Touraine/França, 1596 – Estocolmo/Suécia,1650), o *sentir*, o *querer* e o *atuar* pertencem à atividade do eu cognoscente: "Em todo sentir se sente *algo*; em todo querer se quer *algo*; em todo atuar se realiza *algo*" (Stein, 2005, p. 678, tradução própria). Por meio do sentir encontro o meu núcleo que irradia e colore a alma em um processo peculiar de desenvolvimento. "O caráter é a capacidade de sentir e é ainda o impulso com que esse sentir se transforma em vontade e em ação" (Stein, 2005, p. 802, tradução própria).

O sentir, que agrega valor, pertence, a priori, ao campo da ética, mas se estende para muito além. "O sentir é uma forma de consciência multiplamente diferenciada, e em consequência há diversas disciplinas que interagem no âmbito de suas reflexões" (Stein, 2005, p. 678, tradução

---

[38] Foi o que Stein escreveu a uma freira Beneditina. *Cf.* Homilia do Papa João Paulo II, na cerimônia de canonização de Edith Stein, disponível em: https://edithstein.com.br/publicacoes/sobre-edith-stein/homilia-do-papa-joao--paulo-ii-na-cerimonia-de-canonizacao-de-edith-stein/. Acesso em: 16 out. 2023.

[39] Trecho da canção "Caçador de mim", do cantor e compositor Milton Nascimento (Rio de Janeiro/RJ/Brasil, 1942).

própria). A *estética* e a *filosofia da religião* são campos bem desdobrados de suas reflexões. Aqui encontro uma relação entre valor e estética cujo caminho logo em breve irei percorrer.

Antes, contudo, almejo contemplar o inestimável feito de minha filósofa, que tomou a própria experiência como laboratório de pesquisa e chegou ao fundo dessa descoberta, de maneira que seu caminho individual, em sua singularidade, a partir de sua abordagem fenomenológica, tornou-se o mapa para a descoberta em uma esfera maior, direcionada à universalidade.

Presenciou a tentativa de uma desumanização dos judeus, que entravam nos campos de concentração ao som da música de Richard Wagner (Lípsia/ Alemanha, 1813 – Veneza/Itália, 1883). Isso levava ao adormecimento do estrato mais profundo daquelas pessoas aprisionadas: junto da força armada, o entorpecimento era a raiz do poder dos nazistas, que, por sua vez, torna-vam-se insolentes diante do sofrimento dos judeus. Curiosamente, em sua autobiografia, encontro mais de um trecho em que Stein expressa profunda estima por Bach. Em relação a Wagner, contudo, demonstra em sentido con-trário, como um presságio: "Também ouvi Wagner e não podia negar a sua magia. *Mas eu rejeitava essa música*" (Stein, 2018, p. 208, grifo meu). Aqui vejo uma conexão entre os fenômenos antes mesmo de sua realização no tempo.

Esse desfecho trágico e comovente da história da notável filósofa me permite apreender uma bela lição. Mesmo quando alguém se comporta como se tivesse o poder de destruir completamente uma pessoa ou um grupo, tentando tirar-lhes tudo, resta uma dimensão que envolve a dignidade da pessoa que não pode ser levada, roubada ou maculada e essa dimensão é a do mais íntimo e profundo de cada um:

> Foi o que permitiu a Edith Stein manter-se íntegra em sua passagem por Auschwitz, assim como tantos outros pri-sioneiros dos campos de concentração. Podem nos tirar as coisas ou as pessoas mais importantes que temos, mas, como mostra Edith Stein, há algo que permanecerá sempre nosso: a marca pessoal, o timbre de cada um. [...] Conta-se que, mesmo desolada, Edith Stein encontrava forças para ajudar seus companheiros de campo de concentração. Sabe-se, por exemplo, que ela cuidava das crianças e das pessoas que tinham mais dificuldades para sobreviver. (Alfieri, 2014, p. 73, nota 18)

No campo de concentração, possivelmente percebendo que provavel-mente perderia a vida, Stein continuou sendo ela mesma. A própria filosofia lhe serviu como suporte, pois, ainda que vivenciando discriminação e violência por toda a sua vida acadêmica e religiosa, ela conservou sua singularidade. Centrada, deixou à humanidade uma obra de inestimável valor e de grande originalidade. Desse modo, Stein deu provas de que a singularidade individual não pode ser tocada por ninguém.[40]

2.2 *O Castelo Interior*: uma análise fenomenológica

Como disse de início, Stein encontrou uma imagem que descreve o caminho de descoberta gradual do núcleo pelo aprofundamento interior em Teresa de Ávila, quando da leitura d'*O Castelo Interior*. A imagem do *castelo* é utilizada como metáfora para a interioridade humana e Stein encontra aí uma possibilidade de desenvolver de maneira própria seu estudo, pois considera a descrição da interioridade, da forma como foi contemplada, uma *"clareza insuperável"*. É o que percebo nas palavras dela:

> Mas não é possível oferecer um quadro preciso da alma – nem sequer de forma sumária e deficiente – sem chegar a falar do que compõe sua vida íntima. Para isso, as experiências fundamentais sobre as quais temos de nos basear são os testemunhos de grandes místicos da vida de oração. E, dessa forma, o *Castelo interior* é insuperável: seja pela riqueza da experiência interior da autora, que, quando escreve chega ao mais alto grau de vida mística; seja por sua extraordinária capacidade de expressar em termos inteligíveis suas vivências interiores, até tornar claro e evidente o inefável, e deixa-lo marcado com o selo da mais alta veracidade; seja pela força que faz compreender sua conexão interior e apresenta o conjunto em uma acabada *obra de arte*. (Stein, 2019b, p. 545-546, grifo meu)

Stein externa sua admiração pelos escritos de Teresa de Ávila, revelando que a maneira de se expressar dessa autora marca a mensagem com um selo de veracidade, comparando a obra acabada como uma obra de arte, confirmando o grande valor dos ensinamentos de Santa Teresa contemplados na mensagem d'*O Castelo Interior*.

Posso passar a vida toda ao redor do castelo e ficar distraída em torno dos muros de vedação limitada à priorização da dimensão superficial, corporal e anímica, levada pelos instintos, sem nunca adentrar minha interioridade. Os muros de vedação são o corpo e a primeira etapa a percorrer é de grande

---

[40] *Cf.* Alfieri, 2014.

importância, pois é o que abre as portas para o interior de mim mesma. Essa etapa é justamente a do *autoconhecimento*. Toda alma humana é uma riqueza, toda alma humana é uma maravilha, possui inestimável valor! E esse percurso é necessário para a descoberta desse tesouro que está guardado no centro do castelo, para Teresa, ou na alma da alma, para Stein.

Para poder entender esse meu fundamento interior, é preciso adaptar meu modo de enxergar o mundo, por meio da ampliação de minha percepção. Já vi que, do mesmo modo que há um olhar que vai para fora, uma intencionalidade que me impulsiona em direção ao mundo, há também uma intencionalidade voltada para dentro, para mim mesma. A intensidade com que Stein viveu e lutou para impedir a profanação do interior mais íntimo de sua personalidade explica a ousadia de sua concepção de ser humano: ela articula fenomenologia e pensamento medieval (sem alterar o projeto husserliano e sem cair em um realismo ingênuo), a fim de investigar o que se pode considerar universal na experiência humana e, ao mesmo tempo, fundar a compreensão dessa experiência na singularidade única e irrepetível de cada indivíduo.[41]

O *autoconhecimento* é objeto de reflexão por parte da humanidade desde os tempos mais remotos. Isso remete à frase *"conhece-te a ti mesmo"*, inscrita na entrada do Oráculo de Delfos, dedicado a Apolo que, na mitologia grega, representa o deus da luz e do sol, da verdade e da profecia. Era nesse local que se buscava o conhecimento do presente e do futuro por intermédio de sacerdotisas. Na filosofia socrática, a frase se tornou uma espécie de referência à busca do autoconhecimento, do conhecimento do mundo e da verdade. Para Sócrates, conhecer-se era o ponto de partida para uma vida equilibrada, portanto, autêntica e feliz. E é dessa mesma abordagem que trata a metáfora d'*O Castelo Interior*, de Santa Teresa de Ávila.

Stein, por meio de um aprofundamento da filosofia grega e medieval, com base na sua investigação fenomenológica, chega a uma passagem da essência no sentido fenomenológico à essencialidade em sentido ontológico. Em seu ensaio, Stein aborda o problema do acesso à interioridade pessoal, com as diversas estratificações e suas correspondentes modalidades de elaboração da experiência do mundo vivido, que podem ser ricamente examinadas.

Minha filósofa entrega uma contribuição bastante original ao evidenciar que a experiência mística revela uma estrutura pessoal humana, válida e possível para todos os seres humanos, abrangendo a natureza da espécie. Ao

---

[41] *Cf.* Peretti; Isatto Parise, 2020.

buscar na constituição graduada do ente aquelas características específicas do ser humano, Stein apresenta a compreensão da estrutura humana com seus diversos graus de profundidade, além de problematizar caminhos possíveis para cada ser humano adentrar a própria vivência a fim de chegar ao nível de estar em casa, consigo mesmo. E é por meio da metáfora de Santa Teresa que Stein apresenta o caminho que a alma deve percorrer ao encontro com a verdade, uma verdade vivida, experimentada pessoalmente por Teresa.

Apesar de distintos objetivos e forma de exposição entre o texto de Santa Teresa de Ávila em relação aos critérios filosóficos utilizados por Stein, existe uma concordância entre o seu estudo científico e fenomenológico da estrutura da alma e a exposição feita pela santa:

> [...] precisamente porque a alma é uma realidade espiritual--pessoal, seu ser mais íntimo e específico, sua essência de onde brotam as potências e o desenvolvimento de sua vida não são apenas um desconhecido X que nós admitimos para esclarecer os fatos espirituais que experimentamos, mas algo que pode nos iluminar e deixar-se sentir, ainda que permaneça sempre misterioso. (Stein, 2019b, p. 570)

Nisso é possível a visualização da relação entre o encontro da essência e o bem-estar a que chega o sujeito, por consequência, como uma espécie de *iluminação*, que pode ser compreendida como o conhecimento da própria essência, no instante em que o indivíduo encontra a consciência de uma nova dimensão pessoal: um novo mundo se abre e se mostra à consciência, gerando uma sensação semelhante à que ocorre quando, no jogo Campo Minado, livramos uma mina e o caminho se abre inédito. É o que ocorre sempre que algum valor meu que está guardado em potência me é dado à consciência convertendo-se em ato. E, assim, cada vez a visão consegue um maior alcance do território da vida, pois ela assume maior amplitude e a vida encontra novo sentido.

Para descrever o que acontece no íntimo da alma, também Santa Teresa parte do esclarecimento acerca da interioridade pessoal, servindo-se da imagem de um castelo, onde há vários cômodos, em comparação com a estrutura da pessoa humana.

> O corpo, descreve-o como o muro que cerca o castelo. Os sentidos e potências espirituais (memória, entendimento e vontade), às vezes como vassalos, às vezes como sentinelas, ou, então, simplesmente como moradores do castelo. A alma, com seus numerosos aposentos, se assemelha ao céu,

> no qual "há muitas moradas" [...]. As moradas, não se deve imaginá-las em fila, uma atrás da outra... "mas coloquem os olhos no centro, que é a peça onde está o rei, e considerem como um palmito, que, para chegar ao que é de comer há muitas cascas que envolvem todo o saboroso [...]". Fora do mundo das muralhas que rodeiam o castelo, estende-se o mundo exterior; uma instância mais interior habita Deus Entre esses dois (que, como é óbvio, não hão de se entender espacialmente), acham-se as seis moradas que circundam a mais interior (a sétima). Mas os moradores que andam por fora ou que param junto ao muro de perto não sabem nada do interior do castelo. (Stein, 2019b, p. 546 e 547)

Ao interpretar Teresa, Stein considera que realmente é um desperdício alguém viver fora de si mesmo, algo que corresponde a uma patologia e que, portanto, são muitas as pessoas doentes, por viverem ocupadas com coisas exteriores porque desconsideram a possibilidade de adentrar a própria interioridade. Para explicar o que é essa patologia, a filósofa usa a mesma analogia aplicada por Teresa, que diz que quem permanece nos arredores do castelo convive com répteis e outros animais, terminando por se identificar com eles, evidenciando como uma das causas a falta de oração e reflexão. Para Teresa de Ávila, portanto, a *oração* e a *meditação* são as vias mais evidentes, as portas mais acessíveis para adentrar o castelo interior.

A imagem d'*O Castelo Interior* responde aos diversos estágios percorridos pelo ser humano para chegar ao encontro definitivo e conclusivo com a Verdade, que é a meta à qual aspira o ser finito[42]. A ciência da natureza consegue descrever alguns aspectos da dimensão da pessoa, mas para chegar à compreensão da sua totalidade é preciso chegar às dimensões fundamentais daquilo que constitui a alma humana, o que nem as Ciências da Natureza, nem mesmo as Ciências Humanas desconectadas de um viés transcendental, conseguem atingir.

Assim, em sua busca de uma outra porta de entrada para o interior da alma além da oração, Stein apresenta a análise fenomenológica da alma elaborada por Alexandre Pfänder (Iserlohn/Alemanha, 1870 – Munique/Alemanha, 1941), como uma possibilidade de se chegar bem próximo ao que equivale à imagem do castelo interior, desconsiderando, nesse caso, a relação e a intimidade com Deus. A oração e a reflexão já tinham sido apontadas no testemunho de Teresa de Ávila como porta de acesso à interioridade da pessoa. À filósofa interessava, portanto, encontrar novas alternativas que pudessem ser como um convite e atrair o sujeito, tão preso às questões do

---

[42] *Cf.* Stein, 2019b.

mundo exterior, pois consiederava que a oração não era uma prática natural ao homem moderno que não se dedicasse formalmente a uma vida religiosa.

Pela própria análise, Stein apontou três possíveis fatores a possibilitar o caminhar do sujeito, por meio da interiorização, ao encontro da própria essência. A primeira possibilidade estaria contemplada no (1) *trato com os outros*, considerando que, como mostra a experiência natural, tal "porta" abre a possibilidade de acesso às imagens que os outros fazem de nós e, dessa forma, conseguimos nos enxergar a partir de fora. Contudo, alerta que tal experiência e percepção, ainda que possibilitem algumas apreciações corretas, raramente consegue resultar em uma penetração profunda de nosso interior, além do fato de que o conhecimento resultante desse processo está vulnerável a muitas causas de erro, que permanecem ocultas a nosso olhar e que, nas palavras de Stein (2019b, p. 566), "dependemos, aí, de uma 'chamada' ou 'sacudida' interior proveniente de Deus para nos tirar dos olhos a venda que a todo homem esconde em grande parte seu próprio mundo interior".

Uma outra possibilidade de penetrar o universo interior estaria configurada pelo (2) *amadurecimento*, na experiência pessoal do desenvolvimento que ocorre no período de puberdade, que vai desde a infância até a juventude, período em que as sensíveis transformações interiores impulsionam por si mesmas uma auto-observação. Ainda assim, a filósofa entende que a aspiração motivada nessa fase que se direciona à descoberta do *mundo interior* geralmente se embriaga por um impulso de autoafirmação que se converte em uma nova fonte de ilusão que origina uma imagem distorcida do próprio eu. Além disso, a visão interior que é encontrada nessa fase está baseada na imagem que os outros enxergam *de fora*, resultando, assim, em uma formação da alma a partir do exterior, levando a um resultado oposto, ou seja, ao encobrimento do próprio ser.

Tem-se, por fim, para Stein, a possibilidade de acesso ao núcleo da alma por via da (3) *investigação científica*, quando interessada nos assuntos do *ser*. Sobre tal aspecto, ela lamenta o desinteresse pelos assuntos da alma que se verifica no século XIX, resultando em uma espécie de "psicologia sem alma", que surge do empirismo inglês, configurando-se cada vez mais como ciência natural, como nos fala Stein (2019b, p. 567), "chegando a fazer de todos os sentimentos da alma produto de simples sensações, como coisa espacial e material está feita de átomos". Esse modelo de pensamento acaba por imprimir ao castelo interior uma mera imagem da conservação dos restos de muralha que apenas nos revelam a forma original, à maneira de um corpo sem alma, que já não é um verdadeiro corpo.

Stein aponta alguns nomes de pioneiros da nova ciência do espírito e da alma, quais sejam, Wilhelm Dilthey (Wiesbaden/Alemanha, 1833 – Castelrotto/Itália, 1911), Brentano e Husserl, cujas obras mais relevantes, percebe-se, não representam escritos religiosos e tais autores aparentemente não teriam acessado tal conhecimento por meio da oração. Stein constata a existência de uma conexão de cada um desses estudiosos, pioneiros e vanguardistas, com uma vivência religiosa específica.

A filósofa relata que Dilthey estava familiarizado com a problemática da teologia protestante, o que demonstra em seu ensaio *"Jugendgeschichte Hegels"* ("A história da juventude de Hegel"). Por sua vez, Brentano era um sacerdote católico e mesmo depois de sua ruptura com a Igreja, até seus últimos dias de vida, ocupou-se apaixonadamente com os problemas de Deus e da fé. Já Husserl, sendo discípulo de Brentano, conservava certa vinculação com a tradição da *philosophia perennis*[43] e era consciente de ter uma *missão*, promovendo um forte movimento voltado aos assuntos da Igreja em seu círculo de pessoas próximas, mesmo no plano científico. Em nota, Stein registra o relato do testemunho das palavras de Husserl por Sor Adelgundis Jägerschmid, que assistiu Husserl em seus últimos dias. Trago-o aqui pelo toque à sensibilidade que resulta da leitura de tal trecho:

> A vida do homem não é mais um caminhar para Deus. Eu tento alcançar esse fim sem provas teológicas, métodos ou ajudas, em outras palavras, *alcançar Deus sem Deus*. Como seja, eu tenho que eliminar Deus de meu pensamento científico para preparar caminho para Deus àqueles que, diferentemente de você, não têm a segurança da fé por meio da Igreja. (Östereicher *apud* Stein, 2019b, nota 133, grifo meu)

Esses relatos, referindo-se ao contato dos estudiosos com a vivência religiosa, confirmam uma autêntica e íntima conexão com o divino envolvendo cada um deles. Desse modo, ainda que não se visualize uma atividade de oração simultânea à produção científica praticada por tais pensadores, haveria uma relevante apreciação pelas questões da alma que se volta para Deus por parte de cada um deles, cujo nível de intelectualidade era notável, constatando-se na vivência de tais estudiosos, uma harmonia entre a relação sensível com o divino e o pensamento racional.

---

[43] *"Phylosophya perennis*, expressão acunhada por A. Steuco (1540): buscava o primeiro princípio de todo o saber, segundo a verdade universal válida, que se encontra nos povos de todos os tempos, isto é, a concordância da sabedoria dos antigos povos com o ensinamento cristão, partindo da revelação e da filosofia" (Stein, 2019b, p. 32, nota 13, grifo do original).

Além de sua impressão particular acerca de portas alternativas que possibilitam o encaminhamento do sujeito ao núcleo da alma, como já antes adiantei, Stein traz a seu estudo a análise do título "A alma do homem: ensaio de uma psicologia inteligível", de Pfänder, este que, partindo de uma descrição dos movimentos da alma, trata de compreender a vida da própria alma, descobrindo os impulsos fundamentais que a dominam, chegando a um impulso originário: *a tendência a autodesenvolver-se*.

Tal impulso originário, de acordo com referido filósofo, estaria relacionado à própria *essência da alma*, visto que nela existe "um núcleo de vida que, partindo desse germe, deve desenvolver-se até chegar a sua forma plena" (Stein, 2019b, p. 569).

Consequentemente, pelas palavras de Stein (2019b, p. 569) percebo que "pertence à própria essência da alma humana que, para seu desenvolvimento, seja necessária a atividade livre da pessoa".

Cabe ressaltar que a capacidade de autodesenvolvimento da alma, a partir de Pfänder, não significa que ela própria seja capaz de se tornar criadora de si mesma, pois será sempre criatura: ela não é capaz de se gerar, mas apenas de se desenvolver. Como revela Stein (2019b, p. 569): *"Nesse ponto mais profundo de si mesma, olhando para trás, está ligada ao seu princípio criativo perene"*. Assim, Pfänder apresenta o (4) *conhecimento da essência da alma* como uma outra porta possível para se entrar na alma humana, além da oração.

Stein compreende de maneira conclusiva que Pfänder só não consegue chegar a um ponto ainda mais profundo de sua análise por não compreender a sutil distinção entre a vida psíquica e a dimensão espiritual, como é apresentada por Teresa e por ela mesma.

Contudo, diante do ponto até onde chegou, é possível constatar que faz parte da essência da alma a tendência natural de procurar desenvolver-se por meio de uma busca pela compreensão cada vez maior de si, o que se alcança por meio da atividade livre amparada na dimensão espiritual.

2.3 O passo à frente de Edith Stein

É com a intenção de compreender a doação da experiência à consciência do eu de maneira clara e fundamental que Stein dá início à pesquisa de *O problema da empatia*.

Ao dizer que a pesquisa é conduzida fenomenologicamente, tem-se em conta o papel da fenomenologia em apurar os fundamentos da experiência de maneira profunda, que servirão de base para outras áreas que não possuem o mesmo alcance, como a Psicologia, que recebe da fenomenologia todo um arcabouço necessário à sua atuação. Dizer isso também me traz a informação de que a questão da empatia é analisada dentro do escopo fenomenológico, ou seja, dentro dos limites impostos pela redução fenomenológica[44].

Dessa maneira, a redução envolve a suspensão de juízo sobre a existência dos objetos do mundo e a atitude de passar a atenção dos objetos de minha experiência para o exame da maneira como eles são experienciados. Isso implica a

> [...] impossibilidade de analisar o fenômeno a ser descrito a partir de sua (suposta) existência "efetiva" (existência em uma realidade transcendente à consciência) e, evidentemente, também a inviabilidade de sua investigação a partir de outras ciências (Missaggia, 2017, p. 802).

Stein recorre, em grande medida, à estrutura clássica proposta por Husserl, de maneira que, suspendendo-se o juízo sobre a existência efetiva do mundo, remanesce toda a experiência residual do mundo como fenômeno para a consciência, sem prejuízos da investigação.

Exatamente a partir dessa abordagem, trazendo-se o jargão fenomenológico, dando-se um "passo atrás" em direção à descrição cuidadosa das aparições, podemos verificar uma distinção filosófica relevante relacionada aos fenômenos corpóreos.

No interior de minha experiência revela-se a diferença fundamental entre a percepção de meros corpos físicos, enquanto objetos "inanimados" (sem consciência) do mundo, e os "corpos vivenciantes", os quais são dotados de vontade e vivências.

Continuamente, a investigação da filósofa inclui o modo como tudo o que aparece além do corpo físico, dado na percepção externa, revela-se à consciência.

Retomando o trecho-chave dessa evidência, na voz de Stein (1989, p. 13, grifos e tradução próprios) ouço:

> Poderíamos partir do fenômeno concreto, completo, que temos diante de nós no mundo da experiência, do fenômeno de um indivíduo psicofísico que se distingue nitidamente de uma coisa física. Esse não se dá como corpo físico [*Körper*],

---

[44] *Cf.* Stein, 1989.

> mas sim como corpo vivenciante [*Leib*] senciente ao qual pertence um eu, um eu que percebe, pensa, sente, quer e cujo corpo vivenciante não está meramente incorporado no meu mundo fenomenal, mas é o próprio centro de orientação de tal mundo [...]. E também poderíamos investigar como tudo o que nos aparece além do mero corpo físico dado na percepção externa se constitui na consciência.

Assim, ao tratar dos aspectos materiais e físicos do corpo, daquilo que é comum a todos os objetos do mundo, sem considerar sua conexão com uma consciência, conheço o *Körper*. Por sua vez, conheço o *Leib* ao longo do trato que envolve o corpo como vivenciante, animado por uma "alma" e que contempla os aspectos psicológicos inerentes à consciência. Tal distinção assume importância direta para a análise do fenômeno da empatia, considerando que a compreensão de sua vivência se relaciona ao corpo vivenciante, o *Leib*.

Isso me leva a constatar a existência de uma conexão entre (1) a vivência empática que se experiencia por meio do corpo vivenciante e (2) a constituição do eu, que se revela a partir de uma *profundidade*.

Essa relação agrega maior alcance ao desenvolvimento elaborado por Stein de maneira que tenho uma imagem, por meio dos exatos termos utilizados por Isatto Parise[45], de que é nesse ponto que a filósofa se posiciona *"sobre os ombros de Husserl"*, apoiando-se nos conhecimentos colhidos por seu mestre para visualizar um caminho mais além, em sua antropologia filosófica que nasce do seu genuíno interesse pela natureza humana, elaborando o próprio sentido de corporeidade.

É certo que também na obra de Husserl importa a distinção entre *Körper* e *Leib*. Entretanto, o filósofo faz o uso indiscriminado, em certo nível, da expressão *"Leib"* na obra *Ideen II*, ora referindo-se a corpo como coisa física, ora como corpo vivenciante. Husserl utiliza *Körper* de maneira geral para tratar dos meros objetos físicos e não somente do corpo em si. Ademais, a ênfase do pensador alemão estaria focada na diferenciação entre o corpo vivenciante ante todos os demais objetos do mundo com os quais nos relacionamos. O filósofo somente aponta diferenças explícitas entre os dois conceitos na obra intitulada de *Krisis*, incrementando o termo *Leib* com a possibilidade peculiar de ser o corpo propriamente perceptivo porque é sempre a partir dele, como corpo animado, que a percepção é possível.[46]

---

[45] A professora mestra Isatto Parise utiliza a expressão literal de que "Edith Stein sobe nos ombros de Husserl", uma metáfora para ilustrar que o conhecimento de um discípulo se amplia e enxerga mais longe, a partir do que foi deixado por seu mestre.

[46] *Cf.* Missaggia, 2017.

Em sua análise de corpo vivenciante, Stein também se dispõe ao exame de suas peculiaridades relacionadas às sensações. No entanto, sua reflexão não envolve apenas uma comparação com as meras coisas materiais, aos moldes de Husserl.

A obstinação da filósofa envolve a distinção interna aplicável ao conceito de corpo, por meio do entendimento da corporeidade em termos de corpo vivenciante e corpo físico e suas implicações diretas para a investigação do fenômeno da vivência e das faculdades sensíveis, em via de mão dupla:

> [...] meu corpo vivo se constitui de uma maneira dupla, enquanto corpo vivenciante [*Leib*] senciente (percebido corporalmente) e enquanto corpo físico [*Körper*] do mundo externo percebido externamente, e nessa dupla apresentação é vivenciado como o mesmo. (Stein, 1989, p. 57, grifos e tradução próprios)

Essa dupla constituição do corpo implica que a aplicação de uma teoria que conduza à abstração da sensação enquanto vivenciada no corpo vivenciante, percebendo a si mesmo simplesmente como objeto "externo", resulta em um certo grau de artificialidade, já que não é possível desvincular da faculdade senciente do próprio corpo, pois "os laços que nos unem a ele (ao corpo vivenciante) são indissolúveis" (Stein, 1989, p. 62, tradução própria).

Nas reflexões de Stein, a empatia assume um papel fundamental no estabelecimento desse caráter dual da experiência corpórea.

Embora procure seguir a estrutura metodológica husserliana, ao aprofundar distinções conceituais envolvendo questões relacionadas às peculiaridades do corpo vivenciante em relação ao movimento, à vontade, à pluralidade de sensações e sentimentos, assim como à questão da unidade psicofísica, ela assume uma originalidade que terá implicações importantes em suas considerações sobre empatia.

Tratando especificamente do movimento, Stein (1989, p. 57-58, tradução própria) reitera a artificialidade apresentada quando de uma análise de nosso corpo limitada à perspectiva de mero corpo físico:

> Não é em absoluto concebível como se deve chegar a uma distinção entre os dois casos, entre o movimento das outras coisas e do meu corpo físico, ou, de modo geral, a apreensão do movimento do próprio corpo físico, enquanto se mantiver a ficção de que nosso corpo se constitui somente na percepção externa e não, caracteristicamente, como corpo

> vivenciante [...]. O corpo vivenciante é um objeto dado a mim em uma série de aparências que somente são variáveis dentro de limites muito estreitos [...], ele está sempre "aqui" [...]. Um corpo vivenciante somente percebido externamente seria sempre somente um corpo físico classificado de forma espacial, singularizado, mas jamais "meu corpo vivenciante".

Ao destacar a distinção entre *Körper* e *Leib*, Stein evidencia que, embora a qualidade de se mover por um ato de vontade também se aplique ao corpo quando analisado desde fora, isso se distingue bastante da maneira em que esse mover é vivenciado em primeira pessoa:

> [...] apenas por um ato de abstração podemos analisar nosso corpo como um corpo físico movente, pois na vivência concreta do movimento, estamos, por assim dizer, presos na interioridade de um "aqui" e "agora" permeado de sensações às quais apenas nós mesmos temos acesso direto. (Missaggia, 2017, p. 809)

Nessa esteira, Stein ainda enfatiza o envolvimento, que ocorre dentro da experiência do corpo vivenciante, de diversos elementos que vão além das sensações mais imediatas oriundas das faculdades dos sentidos. Destaca-se o papel dos sentimentos como elemento constitutivo do corpo, de maneira que determinada tendência sentimental pode até mesmo interferir na qualidade dos atos de juízo, percepção e movimento. Na voz de Stein (1989, p. 65, tradução própria):

> [...] não somente todo ato espiritual – toda alegria, aflição, toda atividade de pensamento – é lânguida e sem cor quando "eu" me sinto triste, mas também toda ação corporal, todo movimento que executo. Está lânguido meu corpo vivenciante e cada uma de suas partes.

Quando tratei do fenômeno das vivências sentimentais, sublinhei a qualidade expressiva do corpo vivenciante. Na voz de minha filósofa: "o sentimento pede, segundo sua essência, uma expressão, e os distintos tipos de expressão são distintas possibilidades essenciais" (Stein, 1989, p. 71, tradução própria). Isso já mostra que a vivência sentimental envolve um impulso de expressividade, o qual geralmente implica uma reação no corpo vivenciante, como chorar no caso de tristeza, ou ruborizar ao se sentir envergonhado. "A própria alternativa de reprimir a expressão do sentimento é uma reação à tal característica de tender à expressividade" (Missaggia, 2017, p. 810).

Em outro ponto de sua originalidade de pensamento, Stein explicita que a experiência de outros sujeitos surge de uma vivência que denomina de "co-originariedade" (*Konoriginarität*):

> [...] não se trata de uma experiência originária, pois essa só é dada diretamente nas "vivências próprias" imediatas e atualmente presentes, como temos, por exemplo, quando no movimento do próprio corpo a partir de um ato de vontade. Na experiência co-originária, o outro é apreendido "de maneira análoga". Mesmo indiretamente, eu reconheço que o modo como ele se apresenta não é idêntico em relação à maneira de apresentação dos demais objetos do mundo, quando, assim, o vivenciar de outros sujeitos já envolve a percepção de que se trata de um sujeito semelhante a mim e, portanto, "o corpo alheio é 'visto' como corpo vivenciante". (Stein, 1989, p. 75, tradução própria)

Em não havendo a vivência direta dos corpos alheios como corpos vivos, preciso, inicialmente, projetar-me, a partir da minha própria prática corporal, àquilo que o outro vivencia em seu corpo enquanto corpo vivenciante e, em seguida, abstrair de minha experiência imediata de me entender como corpo vivenciante para me conceber como corpo físico que pode ser visto desde fora. Desse modo, posso gerar uma empatia em relação às possíveis sensações dos corpos vivos alheios, inacessíveis, conceitualmente, de maneira originária: a

> [...] possibilidade da empatia de sensação [...] está garantida pela compreensão do corpo vivenciante próprio como corpo físico, e do corpo físico próprio como corpo vivenciante, em virtude da fusão de percepção externa e percepção corporal (Stein, 1989, p. 77, tradução própria).

Isso mostra a possibilidade que se evidencia quando, ao projetar meu próprio corpo com algo que pode ser percebido desde fora como corpo físico, eu consigo encontrar uma analogia em relação à percepção dos corpos alheios e compreendê-los como corpos vivenciantes. Na voz de Stein (1989, p. 79, tradução própria), tem-se o modo em que se dá essa passagem e suas implicações relacionadas à percepção espacial:

> O corpo do outro indivíduo, enquanto mero corpo físico, é uma coisa espacial como as demais e está dado em certo lugar do espaço, a certa distância de mim, dentro da orien-

> tação espacial, e em determinadas relações espaciais com o mundo espacial restante. Então, à medida que o compreendo enquanto corpo vivenciante sensível, transferindo-me a ele de modo empático, adquiro uma nova imagem do mundo espacial e um novo ponto zero de orientação.

Enquanto observo o corpo alheio na qualidade de mero corpo físico, não projeto nele qualquer tipo de reflexão por analogia sobre como devem ser suas vivências como corpo vivenciante e sua relação espacial é a mesma se comparada a qualquer outro objeto do mundo. Contudo, à medida que a compreensão se eleva à apreensão empática, o corpo alheio recebe o brilho do corpo vivenciante e posso, portanto, intuir sua vivência interna por meio da qual aquele lugar onde ele está é, com ele, o ponto zero de orientação, o local desde onde se dá sua relação espacial com os demais objetos, inclusive meu corpo físico visto de sua perspectiva.

Encontro um dos aspectos mais relevantes da experiência da empatia que alcança Stein: a projeção da "imagem alheia do mundo" é capaz de gerar uma "modificação" em minha própria concepção de imagem de mundo. Na voz da filósofa:

> [...] a imagem do mundo que eu empatizo como sendo do outro não somente é uma modificação da minha em função da orientação distinta, mas também varia de acordo com como se concebe a condição de seu corpo vivenciante. (Stein, 1989, p. 80, tradução própria)

Parece indubitável, portanto, que, por meio da experiência empática, ao vislumbrar uma imagem de mundo renovada a partir da perspectiva do outro, sou capaz de projetar olhares que não estariam disponíveis a partir de meu ponto de vista original. Ouvindo a voz de Stein (1989, p. 80, tradução própria), tenho que "aqui se mostra a possibilidade do enriquecimento da própria imagem do mundo através da imagem dos outros, e a relevância da empatia para a experiência do mundo externo real".

Indo mais além na ênfase sobre os resultados da experiência empática: ela tanto exerce influência e modifica a visão de si e do mundo como é, também, "condição de possibilidade da constituição do indivíduo próprio", e isso exatamente a partir da forma como a vivência de empatia interfere na concepção da própria corporeidade.

> A partir do ponto zero de orientação obtido na empatia tenho que considerar meu próprio ponto zero como um ponto do espaço entre muitos, e não mais como um ponto zero. E

> assim, por isso, e apenas por isso, aprendo a ver o meu corpo vivenciante enquanto um corpo físico como os demais, embora na experiência originária me seja dado somente como corpo vivenciante [...]. Na "empatia reiterada" [*iterierter Einfühlung*] compreendo de novo aquele corpo físico como corpo vivenciante, e somente assim estou dado a mim mesmo em sentido pleno como indivíduo psicofísico para o qual é constitutivo o estar fundado em um corpo. (Stein, 1989, p. 80-81, grifo e tradução próprios)

Deparo-me com a possibilidade de uma experiência de *autoempatia*, denominada por Stein de *empatia reiterada*, que é uma reflexão sobre a vivência de empatia por si mesmo, quando o próprio eu se torna objeto, dando a possibilidade de analisar, representando pela memória, minhas vivências anteriores, sob um olhar atualizado, o que pode ocorrer de maneira frequente. Em Stein (1989, p. 80-81, tradução própria) encontro:

> Essa empatia reiterada é condição de possibilidade de aquele dar-se a si mesmo ao modo de imagens nas lembranças e na fantasia [...]. Quando me vejo na copa de uma árvore em uma recordação de infância, [...] me vejo como o outro, ou como o outro me vê, e isso é algo possibilitado pela empatia.

Assim, Stein sustenta a concepção de si mesmo desde fora, enquanto corpo físico, como os demais, gerada pela experiência de empatia, em um processo denominado de empatia reiterada: concebendo a experiência empática que o outro tem de mim, eu passo a me imaginar desde fora, a partir de tal vivência que não seria acessível enquanto originária e direta.

No capítulo 5 analisarei o modo de como essa concepção pessoal ocorre a partir da experiência de empatia e apontarei para a possibilidade de percepções enganosas dentro dessa relação. Há que se tratar, ainda, do papel mútuo de autoconstituição pelo entrelaçamento da percepção interna ao lado da empatia, "para nos dar a nós mesmos", como diz Stein.

Quero concluir este tópico degustando do aprofundamento do entendimento de corporeidade da obra *Introdução à filosofia*, quando o corpo vivenciante assume-se como corpo senciente:

> Com a vinculação do corpo físico vivo a um sujeito ou a uma consciência individual efetua-se já o passo àquelas peculiaridades que o caracterizam como *corpo vivenciante*. Essa vinculação significa muito mais que uma inseparabilidade espacial. O corpo vivenciante, independentemente de suas qualidades

> sensíveis, possui uma qualidade que, enquanto tal, ocupa sua extensão, mas que não se acha em nenhuma mera coisa espacial: a *impressionabilidade*, a capacidade de ser portador de sensações atuais ou – como preferimos dizer, distinguindo-as das sensações não localizadas no modo corpóreo como os dados da vida e o da audição – *sensações*. (Stein, 2005, p. 790, grifos e tradução próprios)

Stein distingue as sensações vinculadas à impressionabilidade, que são atreladas à dimensão espiritual porquanto geram reflexão e entendimento, das meras sensações corpóreas atreladas aos simples sentidos e às reações, no âmbito da natureza. Ela diz que as sensações como:

> [...] pressão, tensão, calor, frio, cor etc. estendem-se sobre certas partes do corpo (que não podem desdobrar-se em determinar-se geometricamente), mas pertencem à consciência, a cujo sujeito está ordenado o corpo vivenciante, ao qual este se encontra ligado. Constituem uma parte da vida sensível desse sujeito, são uma parte do material sobre o qual se fundamenta sua vida espiritual (assim, por exemplo, a sensação de pressão se insere na unidade concreta de uma percepção tátil convertendo-se em manifestação da dureza de um objeto externo, quando o sujeito envia sua "mirada espiritual", um ato de apreensão). (Stein, 2005, p. 790, tradução própria)

Essa qualificação das sensações a partir da impressionabilidade está intimamente relacionada à capacidade do artista de transmitir um mundo por meio do resultado de sua visão perceptiva mais acurada. É natural que o artista disponha dessa habilidade, considerando que se assume como um ouvinte mais assíduo da *intuição* e, com a capacidade perceptiva, tende a ativar mais repetidamente sua dimensão espiritual, a partir do que todos os elementos do mundo a seu redor podem despertar-lhe o desejo de análise e de representação, como uma resposta intuitiva mediante a concepção do conceito por meio da imagem.

2.4 Como arte para desvendar-se: o viés da *interioridade*

"Em seu interior, o homem 'sente' como está constituído, como se 'encontra' ou está 'disposto'. Na interioridade, encontra-se, por conseguinte, a sede da *vida afetiva*" (Stein, 2019b, p. 470-471, grifo do original).

Já desde Santa Teresa, tem-se apontada a possibilidade de a "meditação", ao lado da "oração", ser como porta de acesso à interioridade. Stein amplia seu entendimento e considera que a própria alma, em seu impulso natural de autoconhecimento, dentro de um percurso dado a partir dos atos livres, é capaz de ir por um aprofundamento de si mesma.

Nesse sentido, a abertura à interioridade revela ao sujeito que se abre a própria alma que se faz conhecer, revelando, inclusive, as forças ocultas presentes nas profundezas pessoais e que podem, como vozes veladas de conteúdos residuais de memórias, exercer influência sobre seus atos e vontades, até mesmo obstaculizando a própria habilidade para a *abertura*.

Aqui encontro um ponto muito relevante relacionado ao vivenciar estético. É certo que estaria estagnada em um "lugar comum" se aqui indicasse simplesmente que a experiência estética leva ao autoconhecimento e à expressão de emoções, aflorando a sensibilidade e com resultados favoráveis. Expressaria uma boa intenção, mas não iria além de mero romantismo.

O que me impele ao registro é a questão da conexão entre a criação estética, ou mesmo a fruição contemplativa em relação à consciência da interioridade. O caráter habitual desses comportamentos é capaz de levar ao aprofundamento da percepção dos próprios estratos interiores da pessoa, percebendo-se uma travessia que parte do conteúdo anímico, a partir das projeções emotivas[47]. Ainda que esse itinerário, de início, não se revele à consciência, a consciência de um bem-estar interior mostra-se paulatinamente, e uma ordem interior mais profunda será revelada ao final do processo. Quando o indivíduo ainda se encontra ancorado nas periferias da própria alma, ou seja, em seu âmbito anímico, o ato criativo requer matéria-prima disponível de tais camadas, encontrada por meio dos conteúdos psíquicos. Ainda que apresente um caráter simbólico, a obra criada muito se vincula à efemeridade pessoal e é isso que comunica ao espectador, pois nesse nível o artista é ingênuo e ainda não possui a habilidade de acessar com clareza a ideia em sua forma pura, o que demandaria uma percepção ancorada em uma dimensão mais elevada, dentro da alma espiritual, mais profunda que a anímica, ou seja, uma habilidade da qual é dotado o artista desperto.

Quando não são expressos voluntariamente, os conteúdos psíquicos atuam como forças interiores e inconscientes que vendam o olhar do sujeito. A habitualidade da expressão por meio do ato criativo promovido pelo indivíduo psicofísico, ainda que não seja um ato genuinamente livre, guarda

---

[47] "Já Leonardo da Vinci havia observado que os pintores frequentemente representam a si mesmos nos personagens que pintam, impondo suas qualidades físicas e morais aos modelos mais dessemelhantes e não lhes poupando nenhum de seus defeitos. É um fenômeno de *projeção*" (Da Silveira, 2001, p. 30, grifo do original).

a espontaneidade que liberta, já que oportuniza que se tornem audíveis os sons dessas vozes veladas, de memórias inconscientes e, nesses movimentos expressivos, tendem a perder a força e a intensidade com que interferem na vida do eu e são liberadas da alma. Esse processo promove uma limpeza emocional e, ato contínuo, a identificação de um si mesmo que é acolhido pelo eu.

No processo criativo, as vozes veladas podem exercer suas inclinações livremente, sem maiores consequências além da expressão na própria obra criada. Ainda que o indivíduo esteja acionando o intelecto, nesse estágio, ele parte para uma organização de conteúdos anímicos e não alcança a dimensão espiritual compatível com a verdade da arte, cuja compreensão abordarei no capítulo 4.

Até que a habitualidade possa abrir-lhe esse caminho de chegar ao interior de si mesmo, quando, nesse novo ponto de ancoragem, será capaz de se conectar à ideia pura, já como *artista desperto*, pois, já estando ativada sua dimensão espiritual, dada após a limpeza de suas profundidades, o indivíduo buscará ouvir não mais os próprios incômodos e necessidades anteriores, mas a voz do próprio objeto e dá a esse objeto a oportunidade de se revelar, saindo do "protagonismo ilusório" inerente à necessidade psicofísica (pois ingenuamente crê que nisso possui algum mérito), para se encontrar, ao fim do processo, como um instrumento da obra de arte em conexão com a verdade que brota da própria essência, mansa, calma e tranquilamente. Como uma pequena pedrinha do mosaico, figurante como as outras, mas essencial para a imagem da qual todas fazem parte.

A METAMORFOSE QUE SE SENTE

É preciso falar dos sentimentos, pois "a vida afetiva não está limitada a estados afetivos interiores e a estados de ânimo. O espírito não sai de si mesmo somente pelo conhecimento e pela vontade, mas também pelo sentimento" (Stein, 2019b, p. 471).

Posso ouvir na voz de Stein (2005, p. 812, grifos e tradução próprios):

> Quando a pessoa se "abre" a um *campo de valores* e isso é manifestado de maneira *inteiramente nova*, ou quando ela consegue compreender esses valores de *forma mais clara e completa* que antes, então brota uma correspondente *experiência* de valor no profundo de sua alma, e ela é preenchida por uma objetividade de afetos condicionada não somente pelo valor, mas também pela *peculiaridade pessoal* e pelo correspondente nível profundo ou estado de ânimo que lhe preenche, e este *sentimento*, enquanto *estado psíquico*, faz com que *se forme* uma qualidade ou capacidade do caráter que está "ordenada" a eles.

Esse pequeno trecho contempla em si vários elementos que são essenciais para o propósito de compreender a experiência estética ao modo de um viés antropológico ora trazido em relação aos *sentimentos*.

No referido trecho posso destacar a referência explícita que a filósofa faz à abertura a um *campo de valores*. Em seguida, ela fala de uma *forma inovadora* ou *mais límpida* que essa abertura possa dar, de maneira a gerar, em ambos os casos, uma *experiência de valor no núcleo pessoal*, cujo preenchimento é naturalmente realizado pela peculiaridade, tudo a partir do *sentimento* gerado nesse processo.

Iniciando o tema, quero logo garantir o papel desempenhado pela estética dentro dessa contextualização. Ora, a arte é por si uma experiência que está baseada em perceber e expressar as emoções, em consolidar sensações, que dá carga aos sentimentos e, de forma incontroversa, o objeto de arte autêntico é uma criação inovadora.

O que consigo, então, concluir a partir desse inventário das características inerentes à estética diante do que nos aponta Stein? Que a arte é meio eficiente, por sua característica inovadora e atrelada aos sentimentos, de catalisar uma abertura ao campo de valores. Isso se dá pela própria característica ambivalente do sentimento vista a partir de dois âmbitos: primeiro que, por meio do sentimento, o sujeito percebe mutuamente a si e ao mundo; segundo, que isso ocorre tanto por meio do ato de criação quanto pelo ato de fruição, tendo-se assim a possibilidade de um caráter multidirecional de acessibilidade do campo de valores em uma mesma vivência estética.

Considerando que a autoformação é nutrida e direcionada por um movimento do núcleo e que o trecho que tomamos como ponto de partida para o desenvolvimento deste capítulo revela que é especificamente isso o que ocorre nesse tipo de experiência (já que literalmente indica o "profundo da alma" e aponta para um "preenchimento pela peculiaridade pessoal"), sou capaz de dizer que a experiência estética enquanto meio de autoformação, induz o desdobramento do núcleo que contempla a peculiaridade da pessoa humana a nível de preenchimento.

Essa interpretação bastante digesta posso fazer já pela simples análise superficial do trecho analisado. Capaz de garantir, indo além, que a caminhada rumo ao aprofundamento de cada um dos termos que destaco tornará ainda mais evidente essa ligação entre a experiência estética e o desvelamento do eu profundo. Disponho-me, portanto, nesse empenho.

Parece-me que o ponto-chave dessa relação entre a estética e o desdobramento do núcleo está habitando particularmente na questão do *sentimento*, pois é esse *sentir* que é capaz de unir a arte com o eu nuclear. Mas, antes, começarei pelos termos-satélites na ordem que é trazida do trecho inicial, iniciando pela questão dos (1) valores. Em seguida, abordarei o caráter da (2) experiência. Considerando que a questão do núcleo, seu desdobramento e desenvolvimento, assim como a peculiaridade pessoal foram analisadas no capítulo antecedente, estarei voltada a possibilitar uma melhor compreensão do que está compreendido dentro do conceito (3) dos sentimentos, acentuando o envolvimento de cada elemento dentro da experiência da arte e, por conseguinte, de seu aspecto antropológico.

3.1 Dos valores

Credita-se a Scheler, a partir da obra *Der Formalismus in der Ethik und die materiale Wertethik*, a maior influência na investigação de *valor* (*Wert*) assumida por Stein. Justamente, para bem acompanhar o tratamento dado por Stein à noção de valor, convém evocar a distinção feita por Scheler entre *emoção* e *sentimento*.

Compreendo essencialmente a emoção como uma aptidão do indivíduo psicofísico, que se relaciona às modificações de natureza passiva sofridas por ele a partir de uma sensação, sem que necessariamente contemple uma intencionalidade dirigida a um objeto. Posso, por exemplo, encolher-me e sentir o incômodo pela postura inadequada, sem me dar conta de que esse desconforto postural foi provocado por uma baixa temperatura do ambiente, que trouxe a sensação de frio.

Já o sentimento é uma aptidão da vida espiritual, pois contempla uma reação do intelecto à emoção e já está orientada pela vontade, ao mesmo tempo em que assume uma atitude perante a emoção vivenciada e já percebida (permiti-la, nutri-la, suportá-la, rejeitá-la etc.). A percepção da sensação desencadeia um sentimento que requer uma reação a partir de uma decisão valorativa:

> Os valores não resultam de atos cognitivos nem são deduzidos, mas são encontrados numa hierarquia objetiva. Edith Stein praticamente subscreve a teoria scheleriana dos valores e assume que essa hierarquia tem quatro grupos fundamentais: (i) os valores do agradável e do desagradável; (ii) os valores vitais (saúde, doença); (iii) os valores estritamente espirituais (estéticos e cognitivos); (iv) os valores religiosos. É importante notar, assim, que a fenomenologia de Edith Stein não opera apenas com a associação entre valor e valor moral, como faz o uso corrente do termo valor, mas remete à vivência ou ato da consciência em que o sujeito não apenas se vê diante de um fenômeno, mas sente imediatamente atração ou repulsa por ele. (Savian Filho *in* Alfieri, 2014, p. 149, glossário)

A abertura ao mundo dos valores e sua apreensão ocorrem por meio do sentir. Essa compreensão ouvimos na voz da própria Stein (2005, p. 811, tradução própria): "Por meio do *sentir*, o 'eu' que vivencia não apenas *recebe* o mundo dos valores ou o mundo como mundo dotado de valores, mas também o *acolhe em si*. 'Em si' – quer dizer, o 'eu' abre sua alma e dá guarida ao mundo nela".

Stein nos diz que a pessoa, quando tocada em seu íntimo, abre-se ao mundo dos valores. A abertura aos valores, ou seja, a capacidade de estimar diferentes modos de valores, colocando-os em uma hierarquia pessoal, é uma característica essencial da pessoa, que se dá de modo particular e íntimo, promovendo uma caracterização peculiar e autêntica.

Nas vivências do ânimo, dos sentimentos e da vontade, a pessoa desperta em seu íntimo um valor relacionado, porque é tocada naquilo que guarda mais profundamente, algo que não acontece nas vivências prioritariamente intelectuais. As qualidades do caráter refletem o que a alma é em si mesma, não em sua inteligência ou na habilidade de pensamento, mas o que a motiva, como acolhe os valores e se comporta em relação a eles: como se dá sua resposta, por meio de alegria, sofrimento ou tristeza. Ela diz que é assim que compreendo determinada pessoa, por meio de seu mundo de valores, pelos valores para os quais é acessível e pelos valores que cria.

A motivação para a expressão relacionada à interpelação dos valores, mobilizando a pessoa a sair de si, a agir em direção à realização dos valores, situa-se em profundidades diferentes da alma. Assim, quanto mais elevado é um valor, mais profundamente está situada a fonte de vivência desse valor e o comportamento que ele motiva. Em cada pessoa há um fundo, ou um centro, no qual ela é mais propriamente si mesma, e as ações que brotam desse centro são mais unificadas e integradas. Quando a pessoa é capaz de se abrir nessa profundidade e viver a partir dela, apreende autenticamente o significado e o valor de tudo.

> O eu pessoal encontra-se inteiramente como em casa no mais interior da alma. Se vive nessa interioridade, dispõe da força completa da alma e pode utilizá-la livremente. Além disso, está então o mais próximo possível do sentido de tudo o que acontece e está aberto às exigências que se lhe apresentam, muito bem preparado para medir seu significado e sua transcendência. (Stein, 2020b, p. 370, tradução própria)

Cada pessoa, a partir de suas vivências afetivas, pelo seu "sentir-se afetada pelos valores", descobre-se a si mesma, em suas profundidades ou em sua capacidade de ser tocada intimamente em profundidade, ao mesmo tempo em que tem acesso a valores diversos. Por outro lado, também pode reconhecer esses valores empaticamente em outra pessoa, a partir do que está revelado na expressão da interioridade alheia dotada de consciência.

Ao retornar o apelo dos valores e agir em conformidade com o movimento emocional, realiza em si o acolhimento daquilo que lhe é ofertado como positivo, estimulando, ou aplica uma rejeição da influência reconhecida como valor negativo. Isso é o que traduz um processo de formação de caráter e expansão do próprio ser, que resulta em um aprofundamento de sua receptividade e amadurecimento das próprias capacidades contempladas em seu núcleo, de maneira que os estratos da pessoa podem ser descobertos e atualizados ao serem afetados pela abertura ao objeto de valor.

Por sua natureza anímica, o ser humano é dotado da condição natural de se sentir afetado e pessoalmente interpelado pelos estímulos que lhe chegam ao encontro. É uma reação àquilo que é tomado por meio da *percepção*, cuja resposta pessoal é primeiramente afetiva e que, em paralelo, motiva e exige a atuação da inteligência e da vontade, devido à íntima relação com o ânimo: "a alma que conhece, que sai de si pelo querer e que no ânimo está em si mesma e confronta-se interiormente com o que recebe, é sempre uma e a mesma" (Stein, 2020b, p. 105, tradução própria).

Essa resposta afetiva é gerada justamente mediante um sentimento e fundamenta uma hierarquização de valores. É uma ambiência para que o núcleo desenvolva o caráter a partir do condão sentimental da vivência que ativa os estratos pessoais equivalentes em profundidade, provocando um movimento de agitação e consequente mudança:

> A "intervenção" mais ou menos *profunda* do sentimento, tem, ademais, um significado especial. [...] Todo ato que valora é dado por um sentimento, um estado do "eu" que agita sua corrente vital e que em sua descarga *provoca mudança*. [...] A cada valor lhe corresponde um ato de sentir, no qual esse valor se converte em um dado adequado. A esse ato lhe corresponde causar uma "impressão" de determinada força sobre a pessoa, de agitar seu ânimo com certa profundidade e de exercer um efeito consequentemente "duradouro" sobre a descarga de seu vivenciar. (Stein, 2005, p. 803, grifos e tradução próprios)

Referido desenvolvimento encontra campo fértil no próprio caráter, como vimos, pela ocorrência do *entendimento* das essências vivenciadas sensivelmente, promovendo uma evolução racional desse caráter, cujo resultado é a externalização do próprio valor encontrado:

> Partindo da essência dos sentimentos, podemos entender também que papel desempenham o *entendimento* e a *sensibilidade* como *circunstâncias determinantes da evolução do caráter*. [...] Tais qualidades de valor constituem um *novo estado ôntico* relacionado às qualidades materiais e transformam as simples coisas em *bens*. (Stein, 2005, p. 804, grifos e tradução próprios)

Essa alteração valorativa que resulta de uma evolução do caráter é agregada às relações intersubjetivas. Isso quer dizer que o desenvolvimento da sensibilidade é compatível com a elevação dos níveis de entendimento, de maneira que a apreensão de valores gera uma qualificação dos relacionamentos que é dada pelo reflexo dessa qualificação do próprio caráter.

3.2 Da experiência

A experiência (*Erfahrung/Erlebnis*) é um termo bastante empregado por Stein quando trata das relações de empatia. No trecho que trouxe à abordagem, fala-se de experiência de valor. Vejamos a inteligente explicação de Parisse (*In* Alfieri, 2014, p. 132, glossário) para o termo:

> Edith Stein serve-se do termo experiência para referir-se à tomada de consciência, à presentificação de algo na consciência. Nesse sentido, experiência é sinônimo de vivência. As vivências são os atos em que captamos unidades de sentido dos mais variados tipos (sensível, afetiva, racional, física, psíquica, espiritual). Falamos de vivências puras quando analisamos os fenômenos do ponto de vista das essências que eles revelam e quando analisamos a vida do eu desligada das contingências do seu aparecer (quando colocamos as particularidades de sua existência "entre parênteses"). Todas as vivências do eu são sempre originárias quanto ao seu conteúdo, pois são vividas por ele em primeira pessoa, mas podem oferecer-se de modo não originário, como acontece na recordação, na espera, na fantasia. O eu também pode vivenciar, de modo originário, um conteúdo não originário, tal como ocorre na empatia, onde se dá a experiência da consciência alheia.

Uma experiência de valor é uma vivência afetiva. A abertura ao campo de valores faz "brotar uma correspondente experiência de valor". Isso me diz que a experiência afetiva é capaz de alcançar o profundo da alma e o preenchimento que disso resulta, além do valor em si, contempla a própria peculiaridade pessoal correspondente ao nível profundo. E desse sentimento há uma formação de qualidade ou capacidade do caráter. De acordo com Korelc (2023, p. 166):

> Cada pessoa, pelas suas vivências afetivas, pelo seu sentir-se afetada pelos valores, descobre-se a si mesma, suas profundidades ou sua capacidade de ser tocada intimamente em profundidade, ao mesmo tempo em que descobre valores; como também pode empaticamente conhecer uma outra pessoa a partir das suas expressões, reações e ações.

A experiência gera como resultado uma percepção interior, que se diferencia a partir do estrato da alma em que o eu estiver posicionado, ainda que já tenha conhecido, por meio de uma penetração mais profunda, o centro do próprio ser. E aqui retomamos a metáfora d'*O Castelo Interior* para enfocar com maior detalhamento o sentido de alma que é adotado por Stein, para destacar sua dimensão sensível, ou seja, uma alma sensitiva, distinta de uma alma espiritual, por onde se desloca um eu móvel. Vejamos:

> Reafirmamos, em primeiro lugar, o significado segundo o qual a "alma" é o núcleo do ser das elaborações materiais vivas, de tudo o que leva em si "a potência de autoconfiguração". Mas uma realização ainda mais própria do nome "alma" se encontra onde o "interior" não é só ponto central e o ponto de partida da configuração exterior, mas onde o ente se abre para o interior, em que a "vida" já não é somente uma configuração de matéria, mas um ser em si mesmo, e cada alma é um "mundo interior" fechado em si mesmo, ainda que não sem estar desvinculada do corpo vivenciante e do conjunto de todo o mundo real. (Stein, 2019b, p. 393)

No trecho, percebo a centralidade de uma alma singular que dirige a configuração de um mundo exterior, que é refletido na singularidade pessoal do indivíduo, sem se desvincular do todo, ou seja, do mundo circundante. Nesse sentido, a alma, ainda que esteja atrelada ao corpo, compondo a corporeidade individual, assume-se como um elemento autônomo, formando um indivíduo tripartite, composto de corpo-alma-espírito. Essa parcela da alma, que é sensível, encontra-se como unidade de uma vida anímica:

> Sua vida anímica (da alma) está completamente ligada ao corpo vivo e se eleva por cima da vida corporal como um âmbito separável de significado autônomo. Experimenta e sente o que lhe acontece no corpo; e a resposta vem de dentro, do núcleo da vida, com movimentos e com ações instintivas que servem à conservação e ao crescimento da vida corporal. (Stein, 2019b, p. 393)

Portanto, a alma que sente reage, a partir de um impulso interior que brota do próprio núcleo, refletindo no próprio desenvolvimento. Nessa dimensão da alma, o homem compartilha com os animais, em certo grau, a aptidão sensível.

Entretanto, para que o homem exerça a liberdade, deve ir além de sua dimensão da natureza e atuar no exercício da dimensão espiritual: "E a alma é, aqui, 'centro' em um novo sentido: a mediação entre a espiritualidade e sensibilidade própria do corpo vivo" (Stein, 2019b, p. 394).

Já disse que Stein estabelece no homem uma divisão tripartite de corpo-alma-espírito. No entanto, não se deve entender essa constatação como se a alma do homem fosse um reino independente do corpo e do espírito, de maneira a estar muito claro que todos os três elementos entregam-se na corporeidade e na alma mesma, "espiritualidade e sensibilidade coincidem e estão entrelaçadas entre si" (Stein, 2019b, p. 394). A alma humana, diferente da alma dos outros animais, assume uma sensibilidade, percebendo-se a si mesma, conhecendo-se na própria essencialidade:

> Sua sensibilidade (do homem) como corpo vivo é diferente da do animal, e sua espiritualidade é diferente [...]. Sente e experimenta o que faz no corpo e com ele, mas esse sentir é uma percepção *consciente* e destinada a chegar a ser uma *percepção compreensiva* do corpo vivo e dos processos corporais, assim como de uma percepção do que 'cai sob os sentidos', do mundo exterior. A percepção é já conhecimento, um fazer espiritual. (Stein, 2019b, p. 394, grifos do original)

Assim, o homem, dentro de uma sensibilidade, que é algo mais consciente do que o simples "sentir" compartilhado com os demais animais, veicula-se ao caráter *emocional* da experiência que vivencia, no âmbito de um conhecimento cognitivo, capaz de elevar-se da corporeidade sensível à liberdade. Nesse conhecimento, não só o mundo exterior se converte em objeto, como o si mesmo:

> Nesse conhecimento, o que conhece se enfrenta com o conhecido, o corpo próprio – e não só o mundo exterior – se converte em "objeto", ainda que um objeto *sui generis*: o eu se separa do corpo, de certa maneira, e se eleva em sua liberdade pessoal por cima de sua corporeidade e sensibilidade, permanecendo ligado a ela. (Stein, 2019b, p. 394, grifo do original)

Portanto, a liberdade pessoal não se limita ao campo puramente espiritual, pois resulta de uma interação entre a sensibilidade e a razão, já que o "material" que habita no "corpóreo" e sensível é o que proporciona a elevação à vida espiritual e à atividade livre, permanecendo-se a ligação ao corpo mesmo na ativação da dimensão espiritual: "a vida corpóreo-sensorial do homem se torna uma vida pessoal e componente da pessoa" (Stein, 2019b, p. 395). Desse modo, reconheço os sentimentos, os quais se acessam por meio da sensibilidade, como elemento constitutivo pessoal.

3.3 Do sentimento

Claramente vejo que, para Stein (2005, p. 812, grifos e tradução próprios), o "*sentimento, enquanto estado psíquico*, faz com que *se forme* uma qualidade ou capacidade do caráter que está 'ordenada' a eles".

Husserl já apontava para a aptidão dos *sentimentos* de serem vivências estruturalmente integrantes da própria subjetividade, trazendo consigo doações tanto de propriedades do mundo (o que é próprio dos atos dotados de intencionalidade) como da consciência de algo do sujeito que sente. No mesmo sentido, também as *sensações*, como doadoras de material à percepção sensível, podem trazer em si mesmas uma parcela relacionada tanto ao sujeito senciente quanto ao objeto percebido, como já indicado, em relação à impressionabilidade.

Contudo, posso notar que as sensações, diferente dos sentimentos, não possuem intencionalidade e, portanto, a evidenciação de seu conteúdo mostra-se mais próspera a partir de uma reflexão. Essa necessidade não se mostra em relação aos sentimentos, já que sua experiência está localizada no próprio sujeito que sente, ou seja, os sentimentos ativam parte da estrutura interna do sujeito que é a ele apreendida, porquanto não é possível ter um sentimento e não o apreender como algo meu.

Stein segue nessa direção e reconhece a necessidade extra de reflexão quando da vivência de atos de representação ou de simples percepção pelo sujeito, o que pode ser impossibilitada pela captura de sua atenção por meio da própria vivência do objeto. Em sentido mais favorável, o sujeito dos sentimentos já vivencia a própria profundidade enquanto experiencia os sentimentos que sente. Isso caracteriza os sentimentos por sua capacidade de revelar um sujeito dotado de profundidade, diferenciando este, portanto, do *eu puro* husserliano, que não possui profundidade.

De maneira distinta, o eu anímico, o eu que vivencia os sentimentos, possui estratos de profundidade, que são desvendados, desvelados ou revelados enquanto deles surgem sentimentos. Pelo duplo direcionamento que os sentimentos assumem, Stein (2020b, p. 98, grifos e tradução próprios) concebe uma formação espiritual por meio dessa espécie de vivência.

> Seus sentimentos são, por um lado, uma escala de seus estratos interiores, naquilo que se reconhece em si mesmo como estando de um ou outro "humor"; por outro lado, são uma pluralidade de atos intencionais nos que se lhe dão ao eu certas

> qualidades dos objetos, as quais denominamos qualidades de valor [...] *também aqui têm lugar uma formação espiritual que se concentra em uma dupla intencionalidade.*

Por meio do mundo objetivo, posso reconhecer os valores revelados, que sobre mim desencadearam uma reação volitiva e consciente, quando, ao sentir os valores captados das coisas, assumo conscientemente um reagir que resulta de um reflexo em conexão com a hierarquia de valores interior, a estrutura própria da alma:

> Assim, através dos objetos, o mundo nos revela como um mundo de valores: como um mundo do agradável ou desagradável, do nobre ou vulgar, do belo ou feio, do bem ou do mal, do sagrado ou do profano. Também se nos mostra como um mundo do útil ou nocivo, o entusiasmante ou o repelente, o que nos faz sentir bem ou felizes e o que nos deprime ou nos faz sentir desgraçados (a primeira série de escala de valores objetivo, a segunda é a escala de sua relevância para o sujeito que os capta). Porém, *os valores revelam-nos também algo do homem mesmo: uma peculiar estrutura de sua alma, que resulta afetada pelos valores de modo mais ou menos profundo, com intensidades distintas e repercussões mais ou menos duradouras.* (Stein, 2020b, p. 98, grifos e tradução próprios)

Dessa forma, um mundo dos objetos assume uma vivência de valores, quando oportuniza a abertura a uma hierarquização de valores, com capacidade de transformação interior, ou seja, repercussões profundas e de caráter duradouras. Isso ocorre pelo diálogo mantido entre o mundo exterior e a interioridade, ativado pela percepção:

> Analogamente ao que sucede no campo da percepção, estamos aqui ante uma conjunção de passividade e atividade, de ser comovido e de liberdade. O poder múltiplo nesse sentido. Os valores nos convidam a uma contemplação mais detida, a penetrar neles com mais profundidade: posso dar-lhes seguimento ou não, em diversas direções. Os valores não apenas motivam um avanço no terreno cognitivo, tampouco meramente uma determinada resposta de nossos sentimentos, mas, além disso, são motivos em um novo sentido. Por isso, *exigem uma tomada de posição da vontade e a atuação correspondente.* (Stein, 2020b, p. 98, grifos e tradução próprios)

Tenho que o sentimento, portanto, como resultado de uma abertura do sujeito a um campo de valores, de maneira nova ou mais clara, promove um processo formativo, a partir de uma transformação interior atrelada à repercussão da própria apreensão valorativa. Pela natureza dos elementos envolvidos, precisamente no que diz respeito à percepção pela abertura ao campo de valores, que envolve os sentimentos, compreende-se que essas experiências são propícias dentro do campo da arte, ou seja, encontra-se a conexão entre a experiência estética e a apreensão valorativa.

3.4 O tríplice desdobramento da vida espiritual

Em seu interior, o homem direciona sua sensibilidade sobre si mesmo, conhece a própria constituição, percebe como se encontra ou a que se dispõe. Isso porque, como disse, é aí onde está a "sede de sua vida afetiva". Contudo, como conheci ao compreender os níveis da alma (alma sensitiva, alma espiritual e alma própria), "a vida afetiva não está limitada a estados afetivos interiores e a estados de ânimo" (Stein, 2019b, p. 471). Entre as possibilidades de abertura, Stein (2019b, p. 471, grifo meu) sublinha três "portas de saída": o *conhecimento*, a *vontade* e o *sentimento*:

> Sua acolhida do ente deriva de seu ser íntimo formado de uma maneira e disposto de um outro modo; por isso, não só se trata de uma acolhida conhecendo com o intelecto, mas também de um *receber sentindo*: assim o ente é captado em seu valor e significado para o próprio ser; toma-se posição frente ao ente sentindo e querendo. O sentir condicionado e condicionador se acha entre o conhecer intelectual e o querer.

Aqui me deparo com o que Stein conceitua como o *tríplice desdobramento da vida espiritual* para o exterior, que se experiencia no *conhecer intelectual*, pelo *sentir* e pelo *querer*.

Portanto, o desdobramento da vida espiritual que se limite a um desses elementos gerará uma deficiência refletida na plenitude do ser. É o que ocorre, por exemplo, quando o homem privilegia o desenvolvimento puramente racional, buscando provas para todas as coisas, ou buscando compreender, a partir de sua maneira racional, que é limitada à própria natureza, as experiências do mundo. Por sua vez, o querer, que se expressa pela vontade, tornar-se-á cego, chegando a qualquer lugar, quando não possui o direcionamento de onde se faz necessário chegar. Quando incluo o *sentimento* dentro desse campo de âmbitos desenvolvíveis, ativo o meu olhar interior, a intuição, que me leva a um conhecimento anterior, mais amplo, e que é antes de qualquer reflexão. Tem-se a *sabedoria*, que se eleva para além do *conhecimento*.

Portanto, de acordo com Stein (2019b, p. 471, grifo do original), cada um desses elementos contemplados no tríplice desdobramento (racional/intelecto, sentir/sentimento e querer/vontade) está relacionado com um aspecto da vida interior, de maneira que esta também resulta em uma triplicidade: "um ser *consciente-dono* do próprio ser por meio do conhecimento, sob a forma de memória, que é, ao mesmo tempo, a forma originária do conhecer, um *sentir-se* e um *aderir-se* voluntário do próprio ser".

A memória, que está atrelada ao "ser consciente-dono", é ela mesma também uma unidade trinitária e torna possível tanto a constituição do eu interior como o sair dado pela abertura ao exterior.

O sentir também se mostra como unidade trinitária, pois compreende o *sentir-se* a si mesmo, o *sentir* o valor e a *tomada de posição* frente ao sentimento.

Contudo, a unidade trinitária maior se estabelece pelo *amor*, que contém tudo em si mesma e que une o mundo interior e exterior. É o que retomaremos no capítulo 7, no qual tratarei do conceito de *unidade*.

3.5 A expressão para o desvelar-se

O sentimento, a provocar transformação, está ao amparo da emoção, que não faz promessas de lealdade que possa atrelá-la a qualquer vínculo intelectual e, simplesmente, transborda. E aqui entendo a natureza da emoção por sua afinidade com o coração, que se revela por meio do espanto ou comoção que possam impactar a alma, quando, por exemplo, uma obra de arte me toma como que por assalto. "De portas abertas para o ladrão", nasce no espectador o mesmo espanto que o artista experimentou ao receber o sopro da inspiração.

Na voz de Stein (2020b, p. 113, grifos e tradução próprios), ouço que "só aquilo que é capaz de penetrar o mundo de fora para o interior da alma, não sendo apenas registrado pelos sentidos e pela inteligência, mas também *emocionalmente* (emoção e ânimo), integra-se realmente à alma como material de formação".

Encontro aqui o embasamento necessário para posicionar a estética no patamar de ferramenta para o desempenho formativo, tanto como ferramenta catalisadora da autoformação pessoal quanto relacionada ao desenvolvimento do caráter e ainda quanto ao desdobramento da peculiaridade. Por ser campo de estímulo à expressão de emoções e da ocorrência de vivências afetivas, a experiência estética materializa integrantes de formação dentro da própria alma. E isso se revela na formação do caráter e do impulso para a ação:

> O genuíno campo do caráter é o âmbito da vida afetiva e da vida da vontade. *O caráter é a capacidade de sentir e o impulso com o que esse sentir se transforma em vontade e em ação.* E considerando que o sentir é sinônimo de estimar valores, já que a consciência, com seus dados, é para os objetos da natureza, então podemos afirmar também: o caráter é a abertura (e eventualmente o fechamento) para o reino dos valores e é a maneira em que um se aplica à sua realização. Por isso, *a essência dos valores e a essência do sentir podem ilustrar-nos sobre a estrutura do caráter.* (Stein, 2005, p. 802, grifos e tradução próprios)

O sentimento envolvido na experiência estética colabora para a tomada de atitudes *volitivas*. Nelas está presente a *peculiaridade pessoal* e, por tudo isso, possibilitam ao indivíduo o alcance de sua *liberdade*: "as atitudes da vontade que estão motivadas por atitudes do sentimento e, não tendo sido geradas por um propósito além dos que brotam da vitalidade da alma, levam o selo de sua peculiaridade" (Stein, 2005, p. 814, tradução própria).

Quando atuo em uma vivência afetiva a partir da experiência estética, sou capaz de exercitar uma aptidão exclusivamente humana, atrelada à espiritualidade: a capacidade de diálogo entre a vivência interna e a expressão: "encontrávamos uma peculiaridade do corpo vivenciante da pessoa, que não tem em comum com os corpos vivenciantes dos demais seres vivos, a capacidade de expressar a vida interior" (Stein, 2005, p. 815, grifos e tradução próprios).

Assim, a experiência estética dota-se do exercício de minha aptidão para ser humano, no sentido bastante estrito, pois essa prática reiterada promove uma transformação interior e a apuração de meus valores, preenchendo minha alma com sua própria coloração, ou seja, fazendo-me experimentar minha própria autenticidade:

> Para nós, é importante que participem os diversos fatores constitutivos dos estados psíquicos: tanto os típicos como os individuais, e nestes, por sua vez, os diversos matizes que, desde sua origem, procedem de diversas profundidades da alma e preenchidas por essas profundidade, além dos estados correspondentes (porque sabemos que o correspondente "encontrar-se" do "eu" influi, "dando colorido" a todas as vivências que transcorrem enquanto dura essa situação de encontrar-se). (Stein, 2005, p. 815-816, tradução própria)

A partir do controle direcionado à autoexpressão, o corpo exerce domínio sobre si mesmo e isso já permite intervir no mundo exterior, com repercussão em seu processo de autodesvelamento:

> Mas o "eu", graças ao seu domínio sobre o corpo, pode igualmente fechar-se em si mesmo, é capaz de utilizar sua própria capacidade de expressão para se revelar: em primeiro lugar, permitindo que a vida interior exerça uma ação livre e não livre de impedimentos, mas também a produção voluntária de expressões de sua vida interior e, eventualmente, criando para seus humores novos meios de expressão ("signos") que vão além daqueles já existentes "involuntariamente". (Stein, 2005, p. 818, tradução própria)

E aqui encontro um corpo vivenciante que, a partir de suas emoções, sentimentos, expressão de sua interioridade, acessando o domínio, a vontade e a liberdade, especialmente por meio da experiência estética em um universo expressivo e criativo, é capaz de transformar o mundo enquanto transforma a si mesmo:

> *Uma ampliação das possibilidades de expressão da personalidade* baseia-se não apenas no domínio da vontade sobre o corpo (independentemente da sua capacidade expressiva), um domínio que lhe permite intervir no mundo exterior. Graças à sua origem psíquica, toda ação da vontade – e da mesma forma qualquer ação impulsiva que proceda das profundezas do "eu" – traz o selo de peculiaridade pessoal e ainda o imprime na obra criada por ela. (Stein, 2005, p. 818, grifos e tradução próprios)

Porquanto provenha da esfera psíquica, chamada de alma anímica, essa manifestação capacita o artista ao domínio de seus impulsos e à organização de seus conteúdos, quando lhes são dados à consciência. Essa evolução da psique também resulta, por conseguinte, na evolução de seu próprio labor criativo, como obra que agrega tal evolução ao espírito objetivo revelado dentro de todo o mundo criado, capacitando o artista, portanto, a atuar por uma influência positiva no mundo exterior:

> A vida pessoal que se expressa por um movimento da mão manifesta-se em tudo o que a mão produz: nos traços da escrita, nos vestígios deixados pelo pincel ou martelo (da mesma forma, os produtos do pensamento, além de seu conteúdo objetivo, contêm vestígios de espontaneidade interior a que devem a sua existência). *O mundo inteiro em que um*

> *indivíduo atua carrega a marca de sua personalidade: de seus traços típicos e de sua peculiaridade pessoal.* (Stein, 2005, p. 818, grifos e tradução próprios)

3.6 Como arte para desvendar-se: o viés do *sentimento*

Em Stein tenho que os sentimentos, assim como a empatia, são constitutivos da personalidade. Ao experienciar um sentimento, o indivíduo apreende a si mesmo, ao mesmo tempo que apreende o valor envolvido na experiência sentida. Essa mudança, não obstante, requer a apreensão do valor mediante a abertura.

O sentimento é estruturado a partir de emoções, envolvendo conteúdo anímico, a descarga emocional é fermento que agita o mundo interior e promove o crescimento da matéria formativa que compõe a alma pessoal. É uma ampliação do alcance da singularidade interior, o preenchimento da personalidade com a coloração pessoal. Requer expressão e a ampliação das possibilidades de expressão pela descarga emocional possibilita um agir mais atuante no mundo. Como elemento constitutivo da alma, fundamental ao tríplice desdobramento, o sentimento é capaz de contemplar um desenvolvimento que não se limita ao conhecimento intelectual, promovendo o preenchimento da alma com a própria peculiaridade de maneira ativa, volitiva e imediata. Ao lado das emoções, o sentimento é trazido como elemento inerente ao vivenciar estético, sendo meio primordial, portanto, à ativação valorativa da alma a partir de diferentes camadas, em função da intensidade da experiência.

Com relação à arte, o sentimento atua precipuamente em um entrelace estético. Tanto na posição de quem cria quanto na posição de quem usufrui esteticamente, tem-se o sentir. O artista sente os próprios sentimentos quando elabora uma obra artística. O espectador, por meio da obra, é levado a sentir. Sente o dizer da obra, sente também a melodia do próprio artista e sente o sentimento que brota de si mesmo[48].

Vejo, assim, um enlace que é promovido pelo sentimento entre o autor e o espectador, cujas consequências podem ser encontradas, grau em grau, no desenvolvimento do caráter pela apreensão de valores.

---

[48] Nesse sentido, temos que aclamar a clareza de Tolstói (Vássina *apud* Tolstói, 2022, p. 10, prefácio): "Este 'laboratório de criação' do romance prova aquilo que o próprio escritor falou sobre o processo de escrita: 'Para produzir efeito sobre os outros, o artista deve estar em busca para que seu trabalho seja uma busca. Se ele encontrou tudo e sabe tudo e ensina ou diverte deliberadamente, ele não produz efeito. Somente se ele estiver buscando, o espectador, o ouvinte, o leitor vão se fundir com ele na busca'".

Isso não ocorre de maneira mecânica. Há de haver pessoas que apreciam a leitura dos inigualáveis russos, por exemplo, e não sentem sequer boa vontade com relação a algo que não esteja explicitamente determinado no rol dos próprios interesses. Mesmo Adolf Hitler (Áustria, 1889 – Alemanha, 1945) apreciava arte, tentou estudar na Academia de Belas-Artes de Viena, em 1907, mas foi rejeitado. Os sentimentos estéticos provavelmente não lhe trariam suficiente metamorfose para evitar a tragédia que encabeçou. Mesmo porque os sentimentos que nasciam da arte, como a música de Wagner na chegada dos judeus aos campos de concentração, foram canalizados para a destruição e um caminho bem contrastante com o que almejo delinear a partir da experiência das belas artes. Não há fórmula, porquanto nada que já não esteja previamente contemplado no núcleo pode vir a aflorar, a não ser, na visão de Stein, pela graça divina.

Pode-se dizer, no entanto, que em terreno fértil os sentimentos – que nos abraçam quando mergulhamos em uma boa obra literária, ouvimos agradável música, apreciamos um comovente espetáculo ou contemplamos a beleza de uma pintura – são o adubo, o regar e o próprio germinar das boas sementes que se comprazem no florescimento. O sentimento gerado pela experiência estética repercute na percepção do colorido e do aroma de si mesmo.

4

ARTE: VERDADE OU ARMADILHA

Antes de iniciar a análise que cabe neste tópico, quero explicitar a ressalva que é feita por Stein (2005, p. 895, nota 161, tradução própria) ao tratar da *verdade artística* que encontramos na obra *Introdução à filosofia*, ao dizer "neste ponto não nos perguntamos se, do ponto de vista estético, deve-se exigir veracidade do artista. Em todo caso, em se fazendo tal exigência, esta somente poderá ser formulada no sentido indicado".

Portanto, aqui não busco trazer à análise se é cabível ou não exigir do artista seu atuar dentro da verdade, pois meu objetivo é compreender como essa verdade da arte é tratada na filosofia steiniana, dentro de uma coerência compatível com seu campo de análise, que inclui a antropologia filosófica.

Os textos tomados como base para a exploração do tema sobre a *verdade artística* relacionam-se à fase madura de Stein, dentro dos seus escritos cristãos, *Ser finito e ser eterno* e *A ciência da cruz*. Portanto, sendo esta pesquisa uma elaboração que se debruça sobre toda a obra da pensadora, naturalmente a abordagem contemplará trechos e sua análise desse período de sua filosofia. Entretanto, é necessário lembrar que, antes de abraçar o catolicismo, Stein passou por uma fase de *agnosticismo* e já nessa época destacava-se por sua agudeza intelectual que muito evidenciava sua proeminência filosófica. Nessa fase de incertezas sobre Deus, Stein era movida por profundas inquietações e seus caminhos, com o tempo, a conduziram para o cristianismo.

De modo que os resultados contemplados nesse ponto da análise não se limitarão àqueles que acreditam em Deus ou que sejam cristãos. Trazendo as palavras de Stein, aquele que busca a verdade está buscando a Deus, ainda que não o saiba. Creio que essa verdade única se revela por diferentes caminhos e por diversos costumes e denominações. Entretanto, o aprofundamento em qualquer caminho que venha a ser trilhado levará ao mesmo ponto de chegada, um núcleo íntimo e pessoal que conecta a pessoa individual ao todo e à unidade. Dentro de um todo, o indivíduo passa a fazer parte de uma comunidade, posicionando-se como um ser humano, não simplesmente individual, mas coletivo, cultural e histórico, diante de sua natureza singular e, ao mesmo tempo, relacional.

Portanto, a questão da *verdade da arte* a partir da análise da obra *Ser finito e ser eterno* não se limita a uma verdade que se observa dentro de um contexto cristão, ou que se aplica somente àqueles que creem em Deus. A verdade é uma só e, quando trazida à concepção da obra de arte, busca-se analisar a maneira como uma ideia é desenvolvida à imagem por meio da elaboração artística e o que se espera desse objeto, concebendo-se diante dele a ideia essencial.

Trazendo o foco à análise de *A ciência da cruz*, apesar de tratar da natureza típica de todo artista, Stein se dedica a evidenciar a natureza do artista que vê em São João da Cruz. Dessa forma, torna-se inevitável trilhar pelas considerações de um encontro da verdade em Deus e em Cristo, como assim pessoalmente Stein concebia nessa fase específica de sua produção.

Mas a verdade aqui abordada é aquela que a Filosofia precisa evidenciar no campo do fenômeno da arte. Como fala Stein, cabe à Filosofia, antes de qualquer ciência, dar as respostas e apontar os caminhos sobre os quais se beneficiarão outras áreas do conhecimento. Reiterando o que foi dito na parte introdutória desta obra, são evidentes os frutos que já têm sido colhidos pela Pedagogia e Psicologia quando lançam a experiência da arte como meio para alcançar seus fins. E a Filosofia precisa dar conta dessa análise.

Claro que aqui não se tem a pretensão de se encontrar essas respostas isoladamente. O que se pode conseguir é lançar os holofotes para um campo tão propício, onde há muito a ser explorado.

Posso mirar os frutos colhidos pelas outras áreas de conhecimento, para trazê-los à análise, a partir dos objetivos da Filosofia. Com efeito, temos uma vasta literatura acerca dos sonhos como forma de expressão de conteúdos inconscientes. Sigmund Freud (Áustria, 1856 – Inglaterra, 1939), Carl Jung (Suíça, 1875 – 1961) e Ludwig Binswanger (Suíça, 1881 – 1966) já deram ampla possibilidade de compreender a relação entre os sonhos e os conteúdos profundos do ser humano. A experiência da arte, como meio de exercício de criação, carrega esse mesmo conteúdo como matéria-prima para a materialização do objeto. Contudo, esse inconsciente não é o único insumo de que lança mão o artista.

A verdade da arte, que é analisada por Stein, revela que o afastamento da imagem representativa da ideia pura pode ser um obstáculo ao artista, resultando em uma *ideia frustrada*. Por sua vez, a filósofa nos aponta que o modelo que se representa pode servir de um caminho de evolução para o artista, mas que, em sentido oposto, pode ser motivo de desvirtuá-lo, quando ele desconsidera que a obra de arte, pelo caráter simbólico que carrega, é uma espécie de *revelação*, pelo que o fazer do artista se torna um *ministério sagrado*.

Denomino de *armadilha do artista* a ocorrência de um encantamento com sua obra ainda nas áreas periféricas de si mesmo, ou seja, como um *artista ingênuo*. Isso pode se dar tanto pela vaidade quanto por sua natureza mais introspectiva, quando a satisfação do ato de criar, isolado em seu ateliê, já lhe parece o bastante, e ele deixa de fazer sua trajetória, de descobrir o outro como ponto de chegada, o que para Stein pode significar a capacidade de representar o Cristo que há no outro encontrando o Cristo em si mesmo. Torna-se, desse modo, um artista alienado.

A arte em verdade vai além da efemeridade pessoal do autor da obra e transmite, por meio de um objeto autônomo e simbólico, uma verdade que é universal, pois ela é a materialização de uma ideia essencial, no modo de como se espera que seja a partir de um arquétipo.

Tomando como referência o que nos disse Stein, a chave de todo o tesouro está no exercício da abertura intersubjetiva.

4.1 Da verdade artística

Mergulhando nas águas límpidas do oceano de compreensão de Stein, é possível enxergar com nitidez que a arte atua em um campo de possibilidades a trazer à existência a materialização da *ideia pura*.

A obra de arte é criada a partir de um saber anterior do artista que, ao trazê-la à existência, pode conhecer o objeto e julgar se a obra acabada está de acordo com a ideia. "O conhecimento deve tanto a existência quanto o seu conteúdo ao seu objeto, assim aqui a obra é levada à existência pelo ato criador e chega a ser o *que é*" (Stein, 2019b, p. 324, grifo do original).

A atividade criadora é o evento real cuja fonte é o espírito do artista, que tem uma relação "em pensamento" com a obra. A complexidade do processo de criação envolve inúmeros e peculiares fatores e pode ser desenvolvido de maneiras muito distintas. "O escultor pode primeiro ter a 'ideia' e logo buscar um 'material' conveniente a plasmar essa ideia. Mas é igualmente possível que seja a visão de um bloco de mármore o que suscite nele a 'ocorrência' do que poderia fazer com ele" (Stein, 2019b, p. 325). Em todo caso, a "aparição" da "ideia" deve ser compreendida como uma concepção do que meramente uma criação. Isso porque o espírito humano não colhe as "ideias" da mesma maneira que as materializa conforme tais ideias.

O "colher" das ideias se dá a partir de um conhecimento *sui generis* que se relaciona a uma percepção de "elaborações sensíveis", num processo em que as ideias se dão como essa dita "aparição" ao espírito do artista e o impulsionam a operar. Isso não ocorre instantaneamente ou de imediato, com bastante clareza e transparência. Há uma neblina que pode trazer um caráter velado e difuso às ideias em si mesmas.

Stein (2019b, p. 255) sublinha que, desde o surgimento da ideia, como uma iluminação, o artista é levado por um impulso motivador que direciona e o inquieta à representação imagética, como um guia para o próprio desenvolvimento, cuja clareza se relaciona com a experiência e o amadurecimento do autor:

> A "ideia" ilumina o artista, o atrai, o deixa em paz e o impulsiona a criar. E assim parece emanar do fim e da plenitude do ser vivente um "impulso" que guia seu desenvolvimento. No homem maduro, e inclusive desde o despertar da razão, pode-se sentir esse impulso: a imagem do que deve chegar a ser pode ser captada com mais ou menos clareza e assim o comportamento livre pode ser orientado (no esforço para a perfeição e para a autoeducação).

Desse modo, o artista mais experiente possui a habilidade de representar a ideia de uma maneira mais aproximada daquela iluminação anterior ao nascimento da obra de arte. O artista atrai certas ideias, por sua peculiaridade, como se houvesse uma conexão entre a ideia a ser representada e o desenvolvimento de sua personalidade dentro do processo de criação, assim como para seus reflexos dentro de uma coletividade. Por isso, a ideia se adéqua ao artista a partir de sua natureza, como uma conexão que atrai um para o outro:

> Depende da *natureza do artista* que tenha que criar; e a classe de "projetos" que o artista pode fazer como seus. Por isso, existem "ideias" determinadas que o atraem e que ele pode realizar. Quando as realiza, não somente se fazem reais as obras correspondentes a esses projetos, mas sua própria essência se realiza, e ele mesmo chega a um grau superior de plenitude do ser. (Stein, 2019b, p. 255, grifo do original)

Com efeito, Stein (2019b, p. 143) revela que "deve-se entender a 'ideia' como arquétipo criativo no espírito divino", porque são parte de um nexo expressado na "harmonia de todo o quadro segundo uma lei muito pura e muito restrita. O que nos é captado do 'sentido das coisas'". Ela ainda complementa a partir de Aquino[49]: "o que 'entra em nosso intelecto' se comporta em relação com esse sentido-total como alguns sons de uma sinfonia distante levada pelo vento" (Stein, 2019b, p. 143) e nos confirma ao comparar "o nexo de todo ente no Logos a uma obra de arte bem-ordenada, a uma diversidade articulada de plena unidade e harmonia" (Stein, 2019b, p. 144).

Diante dessa relação entre a aparição da ideia atraída, a elaboração do conceito e a representação por meio da imagem, para Stein, o labor indispensável do artista se torna mais precisamente presente no ato de trabalhar sobre a ideia, ou seja, de concebê-la. A filósofa diz que

> [...] isso é muito importante para uma obra de arte "autêntica" ou "verdadeira"; que não se produza nada de arbitrário, que a regularidade interior da elaboração não seja alterada por nenhuma matéria estranha, nenhum descuido ou modificação (Stein, 2019b, p. 325).

Essa concepção, contudo, não termina antes da obra posta à existência, de modo que "o esclarecimento vai resultando pouco a pouco durante e com a execução, de maneira que a expressão 'conhecimento prático' se cumpra em um sentido completamente literal e próprio" (Stein, 2019b, p. 325).

Encontro-me, assim, diante da possibilidade de frustração, já que o afastamento da forma pura, ocasionado por erros ou enganos, resulta em "ideia frustrada". Ainda que a obra seja o que o artista desejou criar, se a ideia que "materializou" se afasta da ideia pura, então não há obra de arte autêntica ou verdadeira, visto que "uma verdade artística é a concordância da obra com a ideia pura que lhe serve de fundamento" (Stein, 2019b, p. 326).

Dessa maneira, verdade artística é a concordância da obra com uma ideia pura, ainda que essa ideia não corresponda a uma coisa no mundo "real", ou seja, no mundo de minha experiência natural. Justamente por isso, Stein (2019b, p. 327) aponta que há uma distinção entre *verdade artística* e a *verdade histórica*[50]:

> A vida do Napoleão histórico não foi certamente uma pura realização do que ele deveria ser. O historiador deve relatar o que Napoleão realmente fez e como era ele na realidade. Mas não cumpriria sua tarefa mais que imperfeitamente, caso em que nada do que pertence à "ideia pura" à qual deveria

---

[49]   Nota 116: "Tomás de Aquino, *De veritate*".

[50]   Aristóteles (2014, p. 36) considerava a verdade artística mais elevada que a verdade histórica, quando disse: "Diferem entre si porque em um escreveu o que aconteceu e o outro o que poderia ter acontecido. Por tal motivo a poesia é mais filosófica e de caráter mais elevado do que a história, porque a poesia permanece no universal e a história estuda apenas o particular".

corresponder Napoleão aparecesse na imagem que se nos dá. Com efeito, o que cada homem deve chegar a ser – sua "determinação" pessoal – faz parte de sua essência. Por isso, o artista, que se aproxima do arquétipo, apoiando-se na manifestação puramente exterior do indivíduo, pode oferecer-nos uma obra mais verdadeira que o historiador, que permanece atado aos fatos exteriores. Quando o artista alcança o modelo verdadeiro e se atém aos limites do que é transmitido, sua obra é mais verdadeira, ainda no sentido da verdade histórica, que a do historiador, que não vai ao fundo das coisas.

Stein (2019b, p. 327) entende que:

> O artista pode afastar-se da verdade histórica[51], primeiro porque ele imagina fatos que jamais se produziram, mas que são possíveis segundo a essência, e apropriados para expressar a essência de Napoleão.

Vale apontar que a essência não compreende tudo o que pode ser enunciado de um objeto, de maneira que "somente o que responde às perguntas: 'o que é o objeto?' e 'como ele é?' faz parte da essência" (Stein, 2019b, p. 102), ainda que parcialmente. Por outro lado, nem tudo o que *não* pertence à essência é causal (não está fundamentado na essência), pois, como nos revela Stein (2019b, p. 102, grifos do original):

> Não pertenceria à essência de Napoleão empreender a campanha da Rússia, mas isso está fundamentado em sua essência. [...] Assim, esse empreendimento de Napoleão está traçado em sua essência como *possível*; por isso é *compreensível*, mas não podemos designá-lo como consequência necessária de sua essência. É possível que Napoleão tenha decidido de outra maneira.

Stein (2019b, p. 102) sublinha a seguinte proposição de maneira objetiva: "deduz-se da essência *do* homem o que nenhuma ação pode ser deduzida da essência de *um* (qualquer) homem como necessária".

Dessa maneira, tem-se que a *essência* se diferencia da *essencialidade* e, ainda, do *conceito*. Nesse sentido: o *conceito se forma* para determinar o objeto. A *essência* se encontra no objeto e está completamente subtraída de nosso

---

[51] Nesse mesmo sentido, assim como ocorre ao Napoleão, trago aqui como exemplo a obra mais aclamada do pintor Pedro Américo (Areia/PB/Brasil, 1843 – Itália, 1905), *O grito do Ipiranga*. Sendo uma pintura neoclássica de cunho nacionalista, a obra glorifica e idealiza o evento histórico, utilizando-se de uma composição cujos elementos, ainda que não correspondam com fidelidade à história, traduzem a ideia essencial que representa, apropriados para expressar a essência da narrativa temática.

arbítrio. A essência pertence ao objeto, enquanto o conceito é a representação que com o objeto se relaciona e a ele faz referência, trazendo-nos o sentido de intencionalidade (*intentio*) que se utiliza para conceito. Portanto, "a *formação do conceito tem como pressuposto a compreensão* da essência, e dela se extrai" (Stein, 2019b, p. 103, grifo meu).

Quanto à diferenciação entre essência e essencialidade, Stein (2019b, p. 103, grifos do original) nos aponta de maneira mui precisa:

> A essência é igualmente diferente da *essencialidade,* de modo que pertence ao objeto, ao passo que a essencialidade de uma coisa não depende da relação com o objeto. Falamos da "essencialidade alegria", mas também da "essência da alegria". A essência indica uma estrutura das características essenciais, que se destacam dela e que ela capta conceitualmente. A essência é aquilo *que* se pode compreender e *pelo qual* o objeto se faz compreensível e determinável.

Para exemplificar, posso dizer que um conceito essencial é o que resulta da forma como um desdobramento da essência se revela dentro do âmbito de "comportamentos possíveis":

> A forma pura de "Aquiles" de fato não se "comporta". Mas nela se esboçam previamente todos os comportamentos possíveis de um homem que a "tem como forma". Em nenhuma vida humana se realiza tudo o que é possível ao homem segundo sua essência. Inclusive um poema não pode senão escolher entre as possibilidades de essência sem concluí-las. Suas figuras são "verdadeiras" ou "autênticas", sempre e quando se mantenham dentro dos limites das possibilidades da essência. (Stein, 2019b, p. 189)

Percebe-se que a tarefa do artista não é um ato arbitrário, já que necessita atuar na conceituação da ideia pura durante todo o processo de materialização da ideia. Quando a obra de arte se comunica com a verdade, ela ilumina e se conecta com a beleza e a bondade.

> [...] existem figuras poéticas das quais dissemos que umas são "realistas", e outras, "falsas", "borradas" ou "impossíveis". Essa "realidade viva" ou verdade viva não significa que as figuras têm que corresponder à vida real. O verdadeiro poeta tem o dom de "criar" figuras "vivas e verdadeiras"; essa criação é, entretanto, *sui generis*: de nenhuma maneira é "livre" no sentido de uma criação arbitrária. *Quanto mais autêntica e grande for a arte, mais se chegará a um conceber e iluminar, menos se chegará a um trabalho de entalhe de artesanato.* (Stein, 2019b, p. 185, grifo meu)

Assim, a arte verdadeira pouco se vincula à efemeridade particular do artista, ou seja, dos próprios conteúdos interiores. A matéria-prima conceitual está menos atrelada aos estratos pessoais e mais oriunda dos estratos da humanidade, o que dizemos dessa forma pelo princípio da correspondência, aqui aplicado na relação entre o ser pessoal e o ser humano-histórico-cultural, considerando-se a possibilidade de que esses conteúdos de valor mais amplo sejam parte da vivência pessoal do artista, pois trata-se de conteúdos simbólicos.

Essa amplitude de alcance da arte verdadeira ocorre com todos os trabalhos que se tornam *clássicos* e se transmitem pela humanidade como que apontando um certo direcionamento.

> A "elaboração" criada tem sua própria íntima lei constitutiva à qual deve submeter-se o "mestre" se quiser fazer uma obra de arte e não uma "coisa artificial". As figuras têm sua própria essência, que se desdobram diante de seus olhos. *O artista deve observá-las para ver como se "comportam" em tal ou qual situação, não deve impor-lhes.* Existem, pois, para o artista, tipos originários, dos quais deve apropriar-se; seu ser é independente de seu trabalho; por conseguinte, é pressuposto. Aqui há "formas puras" diante de nós e devemos compreender o que significa "forma", independentemente de sua relação com uma matéria. A essência de Aquiles em Homero implica que se vingue cruelmente da morte do amigo amado, que leve o luto por ele e chore por ele como uma senhorita enamorada, que encontre com uma piedade filial. (Stein, 2019b, p. 185, grifo meu)

O artista deve ouvir a voz da obra de arte, caso contrário, correrá o risco de transbordar as próprias emoções sobre elas, perdendo a oportunidade de comunicar os sentimentos, despertando-os no espectador, por meio da descarga de emoções que resulta em uma iluminação transformadora:

> [...] as figuras poéticas *autênticas* não são somente pensadas, mas que são formações essenciais. Estão sob a lei de uma forma cujo desdobramento elas reproduzem. Elas próprias se desdobram segundo uma forma. (Não *são* uma "forma pura" já que algo "material" pertence à sua estrutura; assim tratam de deter forma e fazê-la acessível para os outros: no caso da poesia, a matéria é a linguagem, se não só ela, pelo menos de maneira eminente. Se não se trata de obras-primas perfeitas, as figuras poéticas se desviarão mais ou menos do modelo originário). (Stein, 2019b, p. 186, grifos do original)

É nessa busca de compreensão da ideia que o artista mais experiente encontra em seu processo criativo a possibilidade de autodesenvolvimento, como um impulso ao movimento pessoal e criativo que lhe exerce uma atração.

Portanto, o artista é atraído por ideias que, de certa maneira, o dirigem por impulso, de modo que sua atividade não é compatível com uma natureza arbitrária. E nesse processo, caminha para o desvendar-se, encontrando não uma *forma pura* de si mesmo, mas sua perfeita imagem, revelando sua forma essencial.

Isso porque o processo do artista ativa as dimensões da alma mais profundas que os conteúdos da psique, quando o autor se eleva de um eu natural e ingênuo para um eu desperto.

Fôssemos tomar a obra de arte simplesmente como o resultado do pano de fundo do inconsciente, o objeto de arte seria reduzido a sintomas neuróticos ou de psicoses, ou algo do tipo. Trazendo um recorte dos resultados já explorados no campo dos estudos da psique, a partir de Jung, posso compreender que o processo de concepção de uma obra de arte não se limita a estabelecer uma mera relação entre a expressão e os conteúdos da alma psíquica:

> Se quiséssemos interpretar a alegoria de PLATÃO de acordo com FREUD, chegaríamos evidentemente ao útero e teríamos provado que mesmo o espírito de PLATÃO estava ainda profundamente preso ao primitivo, até mesmo a uma sexualidade infantil [...]. A insistência no pessoal, surgida da pergunta sobre a causalidade pessoal, é totalmente inadequada em relação à obra de arte, já que ela não é um ser humano mas algo supra-pessoal [...]. *A verdadeira obra de arte tem inclusive um sentido especial no fato de poder se libertar das estreitezas e dificuldades insuperáveis de tudo o que seja pessoal, elevando-se para além do efêmero do apenas pessoal [...]. Uma obra de arte, porém, não é apenas um produto ou derivado, mas uma reorganização criativa justamente daquelas condições das quais uma psicologia causalista queria derivá-la.* (Jung, 1971, p. 59-60, grifei)

Uma visão que atribui à obra de arte somente um resultado de conteúdos oníricos e psíquicos pessoais somente se justificaria no caso em que houvesse uma patologia no ser, quando da incapacidade de o indivíduo se aprofundar, por meio da razão, pelos conhecimentos dos conteúdos da própria alma, limitando-se a explorar-se na dimensão anímica, ou seja, como indivíduo psicofísico e, nesse caso, o eu não lograria a dimensão do espírito. Contudo, já disse que a dimensão espiritual é uma aptidão a todo o ser humano, de maneira que não há que se limitar ao entendimento simplório de que a arte é um reflexo de imagens oníricas, ainda que possa ser uma expressão também desse âmbito.

Essa visão coaduna com a visão de Stein, ao que parece, quando a filósofa evidencia o caráter simbólico da obra de arte, independentemente da intenção do artista e que se eleva quanto mais o artista supera suas barreiras psíquicas, ancorando o eu na alma mais profunda, nas proximidades ou mesmo no próprio núcleo.

A genuína obra de arte torna manifesta a *verdade da essência*, tanto a partir daquilo que por si mesma consegue mostrar quanto daquilo mais que, por meio dela, permite alcançar: "Que um ente seja o que ele deve ser, que sua essência real corresponda à sua 'ideia', a isso poderíamos designar como essencialidade ou *verdade essencial*" (Stein, 2019b, p. 327).

Essa aptidão que envolve a obra de arte brota de sua característica simbólica, capaz de gerar um modo de comunicar que se concretiza por um caminho intuitivo e, assim, espiritual, em um paralelismo em relação à razão. Por isso, Stein (2014, p. 14, grifo meu) nos diz que "toda obra de arte, independente da intenção do artista, é, ao mesmo tempo, um *símbolo*" e nos mostra que "o *sentido simbólico* e o sentido prático guardam entre si uma relação de correspondência interna: ambos apontam *para além de si mesmos*" (Stein, 2020b, p. 141, grifos e tradução próprios). Dessa forma, o sentido simbólico, assim como o sentido prático, permite suspeitar da existência de um espírito pessoal que está por trás do mundo visível e que dota de sentido cada ser, dando-lhe a forma correspondente ao lugar que ocupa na estrutura do todo.[52]

Portanto, tratando-se de causalidade psíquica, ela não exerce condução quando a obra de arte é resultado da legalidade espiritual e, nesse caso, o sentido que comunica ao espectador não se reduz a pormenores exclusivamente pessoais. Nesse caso, pode ser contemplada por seu âmbito genuinamente simbólico, pelo sentido dado pelo espírito que, segundo Stein, banha o todo universal.

Posso dar um exemplo dessa impressão que é trazida por Stein. É um caminhar da arte por elevados caminhos. O romance *Ana Karenina* foi publicado em partes na revista literária *Rússki véstnik* ("Mensageiro russo"), iniciando-se nos primeiros meses de 1875. Tolstói nasceu na Rússia, em 1828. Franz Brentano, de quem Husserl (mestre de Stein) foi discípulo, nasceu

---

[52] *Cf.* Stein, 2020b.

na Alemanha, 10 anos depois. Mas o mesmo espírito parece trazer sentido à obra literária em relação à filosófica. Assim, vejamos o seguinte diálogo ameno logo no início da trama:

> — Eu não posso — dizia Sérgio Ivanovitch em sua linguagem clara, precisa, elegante —, eu não posso em nenhum caso admitir segundo Keiss que toda representação do mundo exterior provenha das minhas impressões. A concepção fundamental do ser não me é vinda pela sensação, pois não existe um órgão especial para a transmissão dessa concepção.
>
> — Sim, mas Wurst, Knaust e Pripassov responderão que a consciência que tens do ser decorre do conjunto das sensações. Wurst afirma mesmo que, sem a sensação[53], a consciência do ser não existe. (Tolstói, 2022, p. 46)

Sou capaz de perceber a harmonia que se relaciona entre a estética literária e a Filosofia, como uma voz inteligente e única, chamada por Stein de espírito objetivo que contempla toda a criação humana. Em uma época em que o psicologismo e o positivismo dominavam um maior bloco de mentes intelectuais, Tolstói revela, como um presságio, a retomada de um pensamento no qual a percepção exerce o lugar de conhecimento primordial, antes mesmo de qualquer reflexão, trazido pela nova vanguarda fenomenológica.

Essa percepção de que a relação entre a Filosofia e a estética literária, no exemplo apontado, estabelece-se harmoniosamente foi trazida por Stein quando cita em nota apontamentos que se referem a elaborações literárias de Marie von Ebner-Eschenbach (Kroměříž/República Tcheca, 1830 – Viena/Áustria, 1916). Ao desenvolver o conceito da alma própria, que recebe os elementos do exterior a partir de uma interioridade mais profunda, transformando-os em "carne e sangue". Stein nos aponta que: "Marie von Ebner-Eschenbach disse, uma vez, que a formação é o que subsistiria se chegássemos a esquecer tudo o que aprendemos. Claramente refere-se ao que se transformou em carne e sangue" (Stein, 2019b, p. 455, nota 95).

De tal modo, a obra de arte verdadeira caminha por nobres caminhos que, ao lado das Ciências Humanas, bailam ao som da mesma ária e, ao mesmo tempo que apontam para uma direção, mostram por onde devemos seguir. Para a cultura, tem-se a relevância inestimável da verdade da obra de arte, que ilumina e transmite os valores transcendentais.

---

[53] De acordo com Stein, o fluxo de sensações é o princípio do conhecimento.

4.2 Da armadilha do artista

Segundo Stein (2014, p. 13, grifo meu), por meio da *"impressionabilidade vigorosa e genuína, o artista, a criança e o santo muito se assemelham"*. Para compreender o conceito que ela utiliza, temos em sua voz mesma:

> [...] a *impressionabilidade*, a capacidade de ser portador de sensações atuais ou – como preferimos dizer, distinguindo-as das sensações não localizadas no modo corpóreo como os dados da vida e do ouvido – *sensações* [...]. Constituem uma parte da vida sensível desse sujeito, são uma parte do material em que se baseia a sua vida espiritual. (Stein, 2005, p. 790, grifos e tradução próprios)

E explica, em relação ao artista:

> [...] trata-se de uma *impressionabilidade* que vê o mundo à luz de determinada categoria de valores, facilmente em prejuízo de outros. A isso corresponde certo modo de agir: o artista dá forma ao que o toca intimamente, transformando-o em *imagens interiores* que, por sua vez, o impulsionam a exteriorizá-las concretamente. (Stein, 2014, p. 14, grifos e tradução próprios)

Por meio da imagem, a expressão artística – incluindo a poesia e a música – promove a representação da ideia, a partir do que se torna concretizada e acabada[54], consistindo na "representação de um microcosmo"[55]. Isso evidencia o caráter simbólico da obra de arte:

> Há um *símbolo* quando algo da plenitude de sentido das coisas penetra a mente humana e é captado e apresentado de tal maneira que a plenitude do sentido - inexaurível para o conhecimento humano – seja misteriosamente insinuada. Desse modo, toda arte *verdadeira* é uma espécie de *revelação*, e a produção artística, um *ministério sagrado*. (Stein, 2014, p. 14, grifo meu)

A expressão *ministério sagrado* causa impacto e alerta para um certo perigo, que aqui chamamos de *armadilha,* cuja atenção do artista deve se direcionar de maneira prudente. Isso pela necessidade de considerar um ir mais além de um mero "contentar-se" com a produção artística em si,

---

[54] *Cf.* Stein, 2014, p. 14.

[55] Em idêntico sentido, encontramos acerca da obra *Ulisses*, de James Joyce: "Ulisses é o deus criador em JOYCE, um verdadeiro demiurgo que conseguiu libertar-se da confusão em seu mundo físico e mental e contemplá-la com a sua consciência desprendida. Em relação a JOYCE, Ulisses se comporta como Fausto diante de GOETHE e Zaratrustra diante de NIETZSCHE [...] o próprio livro é Ulisses, um microcosmo dentro de JOYCE, o mundo do si-mesmo e o si-mesmo de um mundo num só" (Jung, 1971, p. 111, grifo meu).

"abstraindo de quaisquer outras obrigações provenientes de sua arte" (Stein, 2014, p. 14). Já afirmei que a atividade do artista não deve se dar de modo arbitrário ou alienado. Esse é um risco que pode levar o artista a se distanciar de um aperfeiçoamento interior.[56]

Essa armadilha que se apresenta quando a obra criativa mesma se torna um obstáculo para a autoformação é detalhada na voz de minha filósofa:

> A obra exterior do artista pode se tornar uma barreira para sua *transformação interior,* o que não deveria acontecer. Pelo contrário, a obra exterior poderia servir à formação interior do artista, pois a *imagem interna irá se aperfeiçoando à medida da perfeição da imagem externa.* Se não houver nenhuma influência desfavorável, a configuração externa da imagem tornar-se-á configuração interna, norma de conduta que induzirá à imitação de Cristo. A obra deverá servir de estímulo para a transformação interna, à semelhança do representado. (Stein, 2014, p. 14, grifo meu)

O sujeito espiritual, tal como ele se manifesta no campo da consciência pura, é um eu cujos atos não apenas constituem um mundo de objetos, mas ele próprio cria objetos por força de sua vontade. Enquanto o sujeito vivenciante se depara com o *mundo circundante,* o indivíduo anímico possui uma *imagem de mundo* e o indivíduo espiritual possui uma *visão de mundo,* ou seja, uma visão axiológica de mundo associada a valores, por meio de uma hierarquia de valores. Ao ter essa visão axiológica de mundo, ele adquire uma visão axiológica de si mesmo.[57]

Um quadro é o espírito do pintor, de acordo com a voz de Stein (2005, p. 836, tradução própria):

---

[56] Parece ser aquilo que o pintor Lucian Freud (Alemanha, 1922 – Londres, 2011) aponta como sendo uma *degeneração* da obra do artista, quando, simplesmente cristalizando a própria arte no lugar de seus gostos, resulta no afastamento da arte da emoção que poderia despertar em outras pessoas. Ele foi um dos mais importantes pintores contemporâneos, nascido na Alemanha, naturalizado britânico, neto do neurologista e psiquiatra austríaco Sigmund Freud (Příbor, Tchéquia, 1856 – Londres, 1939). Sobre sua experiência de criação artística, o pintor nos diz: "*Meu objetivo ao pintar um quadro é estimular os sentidos pela intensificação da realidade. Esse efeito depende da intensidade com que o pintor compreende ou percebe o objeto de sua escolha. Por causa disso, a pintura é a única arte em que as qualidades intuitivas do artista podem ser mais valiosas para ele do que o conhecimento ou a inteligência propriamente ditos. O pintor torna real para as outras pessoas os seus mais profundos sentimentos em relação a tudo o que lhe é caro. Um segredo é revelado a qualquer um que olhar o quadro com a mesma intensidade com que ele foi concebido. Para isso, o pintor deve liberar os sentimentos ou as sensações que guarda e rejeitar tudo aquilo com que já está naturalmente envolvido. Essa autoindulgência é a mesma disciplina que descarta tudo aquilo que não lhe é essencial – e que cristaliza, assim, seus gostos* [...] *fruto daquilo que, na vida, o deixa obcecado a tal ponto que ele não precisa se perguntar o que lhe cabe fazer na arte*", caso contrário, "*sua obra acaba por se degenerar, já que deixa de ser o veículo de suas sensações*" (Disponível em: https://www.revistaserrote.com.br/2011/07/algumas-reflexoes-sobre-a-pintura/, grifo meu).

[57] *Cf.* Stein, 1989.

> A manifestação exterior não apenas expressa a vida interior, mas "corresponde" também a ela no sentido de que o exterior e o interior mostram algo em comum, que a manifestação faz aparecer como "compatível" a ambos, e que faz com que o exterior se torne uma "imagem" do interior.

O *homo faber* se faz livre mediante a legalidade racional da dimensão espiritual. A partir de sua dimensão espiritual, ampara-se no campo da motivação. O campo da motivação é tudo aquilo que motiva o sujeito em seu fluxo de vivências, que é apreendido por ele como possuindo um valor e dotado de sentido. Valor é a base da motivação, um valor positivo, que atrai, ou um valor negativo, que repele. Os valores determinam o sentido do ato espiritual, ir ou rechaçar, de modo livre. Diferentemente do indivíduo espiritual, que possui uma legalidade racional, o animal ou o indivíduo psicofísico possuem uma legalidade causal, movida por paixões e instintos, enquanto o indivíduo espiritual possui uma legalidade racional. A motivação se encontra em um nexo significativo de vivências, porque ela capacita o sentido do ato do sujeito atribuído ao espírito e deixa transparecer essa legalidade da vida espiritual. A *legalidade espiritual* é específica dos atos do sujeito livre: ela não é nem natural, nem apenas psíquica, mas é, de início, racional e é incluída em todo ser humano, dando um sentido à dimensão psicofísica.

Ao contemplar um *objeto de arte*, esteja ele amparado em um suporte material ou não, refletindo sobre o que a obra de arte pretende comunicar, ativo minha capacidade espiritual de refletir sobre minhas próprias emoções e sentimentos, de maneira que minha própria vida adquire uma ressignificação e torna-se ela mesma a obra de arte, pois consigo compreender uma motivação em um campo maior que o da individualidade e me compreendo não apenas como um ser individual que porventura pode atuar em comunidade, mas também me enxergo como um ser histórico e cultural em conexão com uma vida que vai além da minha individual.

Já disseram que o artista possui em si a memória do paraíso e que seria dessa *nostalgia* que nasce sua arte. Quando pratica a criação, o artista retoma o diálogo com o seu Criador, o próprio Deus, o qual era mantido diariamente nos tempos do Paraíso, trazendo a alegoria bíblica da Criação. Abre-se ao ser divino e experimenta a mesma satisfação do Criador ao contemplar sua criação: a alegria de Deus ao conceber o homem à Sua imagem e semelhança.[58]

---

[58] Assim bem ilustrou o Santo Papa João Paulo II: "Ninguém melhor do que vós, artistas, construtores geniais de beleza, pode intuir algo daquele *pathos* com que Deus, na aurora da criação, contemplou a obra das suas mãos.

É esse o sentimento de imensidão capaz de preencher o artista no ato da criação e o espectador que é tomado como que por assalto pelo objeto artístico, quando recebe imprevisível descarga de emoção e torna-se preenchido de um valor sentimental que o transforma. Esse sentimento não é perene e se esgota. Necessita ser renovado, mas é capaz de, a cada ocorrência, preencher a alma de maneira inédita, revelando-se mais e mais a essência peculiar e irrepetível de cada ser que dele se apropria.

4.3 Imprevisibilidade da receptividade estética e silêncio da alma

Há um relato de Stein retirado de sua autobiografia, referindo-se a uma visita que realizou com sua amiga, Pauline, ao Museu de Artes Liebieghaus, em Frankfurt, no ano de 1916:

> Pauline levou-me depois, atravessando o Meno, ao Instituto Liebieg, onde ficava a Atena de Míron[59]. Mas, antes de vê-la, atravessamos uma sala onde estavam expostas quatro estátuas oriundas de um túmulo flamengo do século XVI: ao meio estava a Mãe de Deus com João, enquanto Maria Madalena e Nicodemos punham-se de lado.[60] O corpo de Cristo não estava lá. Essas estátuas tinham uma expressão de grande força que não nos permitia deixar de olhá-las. Quando fomos ver a Atena, não senti nenhuma admiração; achei-a simplesmente graciosa. Somente anos mais tarde pude apreciá-la ao vê-la pela segunda vez. (Stein, 2018, p. 516-517)

A partir do relato, percebo a atenção de Stein para as reações advindas quando de seu contato com as obras de arte. Demonstra ter ficado impressionada ao se deparar com uma composição artística, enquanto, por outro lado, em um primeiro momento, sentiu-se fria diante da tão esperada visão da Atena. Em seu artigo, no qual ora buscamos apoio, Betschart (2016) denomina essa característica como *gratuidade da experiência,* que se relaciona

---

Infinitas vezes se espelhou um relance daquele sentimento no olhar com que vós — como, aliás, os artistas de todos os tempos —, maravilhados com o arcano poder dos sons e das palavras, das cores e das formas, vos pusestes a admirar a obra nascida do vosso gênio artístico, quase sentindo o eco daquele mistério da criação a que Deus, único criador de todas as coisas, de algum modo vos quis associar" (João Paulo II, 1999, grifei).

[59] "Míron (séc. V a.C.), escultor ático, autor da famosa estátua de Atena, a deusa da Filosofia, nascida da cabeça de Zeus" (Stein, 2018, p. 516, nota 12).

[60] "As figuras de lamentação e da deposição, do século XVI, estão esculpidas em madeira de nogueira e quase em tamanho natural. A cor do revestimento original, posteriormente repintado, vem provavelmente da Espanha, para onde as oficinas flamengas frequentemente exportavam" (Stein, 2018, p. 517, nota 13).

a uma situação de *imprevisibilidade* e é totalmente *involuntária*[61], já que o espectador percebe-se assaltado pela obra de arte, tomado pelo espanto, de maneira inesperada e involuntária.

Percebo também, pelo relato, a expectativa criada por Stein em torno da escultura de Míron. Esperava experimentar uma admiração, ficar encantada e impressionada com a beleza da obra. Contudo, sua experiência não correspondeu ao que esperava. Antes, porém, de maneira imprevisível e involuntária, Stein teve o olhar abruptamente capturado por outra obra distinta, uma escultura de grande dimensão, uma composição em que estavam representas as figuras de Maria, João, Madalena e Nicodemos, cuja expressão era tão chocante que a levou a utilizar o termo "überwältigender ausdruck", que remete à ideia de uma "força irresistível", demonstrando que o fato deixou-a totalmente presa e absorvida na contemplação. Nessa experiência, Stein experimenta a não padronização e a impossibilidade de se programar ou tornar previsível a impressão que uma obra de arte deixa no espectador e conclui que a capacidade humana de *abertura* para a contemplação é limitada. Ora, uma pessoa cansada ou preocupada, por exemplo, não será receptiva o bastante para capturar o valor estético de uma obra de arte verdadeiramente digna. Esse caráter de imprevisibilidade que opera na arte é o que demonstra a característica da gratuidade. Tal gratuidade é análoga às experiências religiosas, vistas por Stein como uma "experiência sobrenatural de Deus".

Em sua proposta de analogia da experiência religiosa com a experiência mística, Betschart[62] aprecia essa relação em cotejo com *O Castelo Interior*, de Teresa de Ávila. Para referido autor, Deus nos toma quando quer e por Sua iniciativa, evocando Santa Teresa, que afirma que o Senhor concede Seus dons quando quer, como quer e a quem quer, deliberadamente. Tal gratuidade não me exime, contudo, de me colocar disponível, buscando o encontro de uma relação mais íntima com o divino ou, por sua vez, com o estético, por meio da abertura.

Apesar de não ser possível supor que uma experiência mística ocorra necessariamente a partir de atitudes individuais ou por puro merecimento, percebendo a existência daquelas pessoas que possuem uma habilidade naturalmente desenvolvida para o aprofundamento das manifestações místicas, posso

---

[61] Em seu artigo "Vissuto estetico e religioso nella scoperta de la personalità secondo Edith Stein", Betschart (2016) denomina referido fenômeno de *gratuidade da experiência*, o mesmo que ocorre em relação à experiência mística.

[62] *Cf.* Betschart, 2016, p. 513-526.

deduzir que é sempre conveniente que eu me coloque em disponibilidade para oportunizar tais experiências. É isso que nos mostra todo o percurso da obra teresiana. E essa mesma disponibilidade é cabível quando da contemplação artística: o acesso a essa vivência merece ser oportunizado e favorecido.

A gratuidade se manifesta na atitude de humildade. É o que posso considerar compatível com a receptividade estética. Não se pode provocar uma experiência de encontro com a obra pelo simples fato de ir à sua presença: não estou diante de um fenômeno mecânico. No entanto, posso e devo tornar esse encontro acessível, fornecendo as possibilidades necessárias e de modo reiterado. Quando falo dessa "experiência de encontro", quero ir além de uma mera análise estética da obra. Falamos mais da intensidade com que a obra é percebida pelo espectador.

Tal abordagem remete a uma reflexão sobre a questão dentro da perspectiva do subjetivismo relacionado à arte que não é acatada por Stein, porquanto ela tenta articular objetividade e subjetividade na experiência estética. Ainda que a filósofa não tenha acessado de imediato a Atena de Míron, isso não significa que não reconheça em tal escultura artística um valor estético objetivo. Apenas a abertura para a beleza da obra não se deu naquele momento, em virtude de uma capacidade limitada de compreensão, inclusive influenciável por vivências recentes e estado de ânimo momentâneo. Vejo com maior clareza o que diz Stein na obra *Introdução à filosofia*:

> Há obras cujo valor é indiscutível[63] e cuja ordem hierárquica reina a harmonia universal; para aqueles que não têm "sensibilidade" [*Sinn*], não será reconhecida neles aquela sensibilidade artística [*Kunstverständnis*] para a área em questão. (Stein, 2005, p. 810, grifos e tradução próprios)

Tal receptividade que constatamos amparar a vivência da arte é apontada por Stein como integrante da *singularidade*, também presente na experiência religiosa, estando relacionada a um traço de natureza pessoal. A objetividade dos valores estéticos do objeto artístico se depara com o caráter limitado de compreendê-los, sendo essa incompreensão, muitas vezes, dada na dimensão da coletividade. O traço pessoal da singularidade está contemplado na seguinte reflexão de Stein (2005, p. 810, tradução própria):

---

[63] Muitas vezes, toda a sociedade não se dá conta do caráter de valor estético da obra de um artista e isso só vem à tona quando do acesso por gerações posteriores, com exposições póstumas. Um exemplo dessa ocorrência encontramos com o caso de Hilma af Klint (Suécia, 1862-1944), que inaugurou a pintura abstrata, em 1906, anos antes dos modernistas da abstração (Kandinsky, Malevich, Kupka e Mondrian). Somente em 2013, na exposição "A Pioneer of Abstration" em Estocolmo, sua obra começou a ser revelada, fascinando o público.

> A receptividade estética é um traço de caráter da pessoa, que tem em comum com muitos outros. E esses são os mesmos valores objetivos que eles são dados em todos. No entanto, todos têm um "relacionamento completamente pessoal" com valores estéticos, seu lugar de prazer é diverso daquele dos outros e a mesma obra de arte significa para uma pessoa algo diferente do seu valor objetivo acessível a todos, há para a pessoa também um particular valor "individual". [...] Todavia não quero impor a minha "preferência" por essa ou por aquela obra a ninguém, porque essa preferência é baseada no que este trabalho tem para dizer apenas para mim, é baseada em um último e secreto acordo entre mim e ele.

Diante da abordagem que ora desponta, mostra-se oportuno retomar o conceito steiniano do núcleo da pessoa. Cada pessoa possui a própria autenticidade, no entanto os atos autênticos podem ser camuflados por atos estranhos tomados como se autênticos fossem, devido à ocorrência preponderante de frequentes influências externas que resultam em um contágio psíquico que é efeito do simples contato com o objeto artístico sem formatar qualquer tipo de apreensão de valores: "posso estar completamente preenchido com entusiasmo por uma obra de arte, [...] sem perceber que isso se dá em consequência do que ela causa no meu ambiente" (Stein, 2005, p. 841, tradução própria).

A perspectiva de Stein revela que muitas vezes não estou consciente de ser o objeto de arte um fator externo capaz de influenciar minha atividade psíquica, contagiando-me ao impulso por uma atitude não autêntica. Note-se que, ainda que eu não apreenda os valores externos por mim mesma, ainda assim serei vulnerável a sofrer o contágio psíquico de acordo com o ambiente pelo qual sou frequentemente influenciada.

Quando o artista se coloca diante da matéria-prima e se entrega ao processo de captação da ideia, ele aciona em si uma linguagem intuitiva, abre mão dos pensamentos racionais e entra em um fluxo de ser conduzido por algo que parece ser maior do que ele. O mesmo ocorre quando alguém se coloca diante de um altar para entrar em oração. Há nessas duas vivências a utilização de uma linguagem intuitiva, que conduz ao conhecimento de algo muito interno, capaz de trazer satisfação. É o encontro do silêncio interior, em que todas as emoções e preocupações cedem espaço para uma aceitação, de caráter humilde, de que há uma força maior que controla todas as coisas.

Trago agora um exemplo desse aspecto, a partir de um fato que antecedeu a visita ao museu, também contemplado na biografia steiniana, na Catedral de Frankfurt:

> Enquanto estávamos [com Pauline] lá, num ambiente silencioso e respeitoso, chegou uma mulher com sua cesta de compras e ajoelhou-se para fazer suas orações. Para mim aquilo era algo totalmente novo. Era só para o culto religioso que se ia às sinagogas e às igrejas protestantes que eu conhecia. Agora eu via ali alguém que, em meio a suas preocupações cotidianas, dirigia-se à igreja deserta para uma conversa íntima. Aquela cena nunca saiu de minha memória. (Stein, 2018, p. 516)

Em seu silêncio interior, a mulher do relato encontra na ausência uma intensa e dolorosa percepção de presença. Isso vale também para a experiência estética, porque em uma obra de arte aparece sempre mais do que os olhos veem, ou se alcança "a visualização" do invisível.

Diante da contemplação, levada pela linguagem intuitiva que propicia uma troca com o que há de maior, seja por meio da experiência religiosa ou pela via estética, a alma silencia e encontra ar puro. Como nos ensina Stein (2020a, p. 116), "a alma deve ficar em silêncio porque a vida de que ela deve tomar conta é tímida e só fala em voz baixa: se a própria alma fizer barulho, não poderá ouvi-la e esta se calará e se esquivará dela".

A serenidade mental favorece a receptividade e o caráter simbólico e ressonante da obra de arte. Um silêncio e uma calma, que se manifestam no artista desperto como fruto de um certo desapego da própria efemeridade, refletem a personalidade do artista, que se expressa por meio da obra de arte e que por ela é comunicada ao espectador.

4.4 Como arte para desvendar-se: o viés da *iluminação*

Desde a analogia do Sol, encontrada na obra *A República*, de Platão, compreende-se que é da ideia do bem que emana a verdade pela qual o intelecto é capaz de reconhecer o ente em seu ser.[64] A verdade se alinha, assim, como equivalente à iluminação.

De Stein, ouço que aquele que busca a verdade encaminha-se para Deus, ainda que não o saiba. E que a verdade é luz que se faz presente no mais

---

[64] *Cf.* Lucena dos Santos, 2017.

íntimo de cada ser humano e almeja ser descoberta. É ela mesma o próprio Rei, a centelha divina que brota da mais profunda interioridade do homem.

Por outro lado, o artista, que não crê em Deus, ou em Cristo, é capaz de perceber sob qualquer outra nomenclatura essa mesma *verdade* que o *ilumina* e que brota de sua interioridade. E essa iluminação é seu guia, como um farol, que aponta para o encontro da mesma luz que brota do outro, daquele "próximo" como reflexo "dele mesmo".

A experiência estética é, portanto, o farol que guarda a luz que brota dessa interioridade.

Quando sigo essa luz, caminhando pelo conhecimento de minha interioridade, posso me conectar com meus profundos gemidos oceânicos e descobrir o que dentro de mim é realmente meu, realmente parte de minha peculiaridade. O artista separa o joio do trigo dentro de si mesmo e tem a oportunidade de liberar os conteúdos inconscientes guardados em suas profundezas e que exercem influência na superfície. Assim, tem-se que a criação artística estimula a abertura à interioridade, iluminando os conteúdos da alma, nas camadas da psique, que tanto exercem influência como *contágio* quanto obstaculizam a ativação mais frequente da dimensão espiritual da pessoa, e podem impedir a abertura intersubjetiva, resultando em um artista *alienado*, "seguro" e "suficiente" dentro das paredes de seu próprio ateliê.

Por outro lado, posso seguir essa luz, ainda mais, quando ela me aponta para o outro, para o próximo que, antes de ser aquele com quem eu tenho afinidade, é qualquer outro que se apresenta diante de mim. O percurso do artista é encontrar em qualquer outro a mesma luz que ele percebe em si mesmo. Por isso, o artista, assim como qualquer outra pessoa, encontrará seu propósito, não dentro de seu ateliê, mas quando se posiciona dentro de uma coletividade. A experiência estética, posso dizer, é meio de interação entre o artista e a comunidade. É estímulo para sua abertura intersubjetiva, livrando-lhe de um isolamento narcisista.

Por meio da representação imagética da ideia pura, o artista se torna a ponte entre o invisível e o sensível. Quando reflito sobre esse processo, a partir dos conceitos trazidos por Stein, posso conceber que o artista, diante do branco, ou de uma pedra bruta, ou do silêncio, assume uma postura de respeito sagrado. O processo se inicia desde quando a ideia pura, livre de seu caráter material, desponta das entranhas do artista, que dá à luz sua obra de arte, fiel criatura da divina inspiração.

O exercício do dom artístico está no poder da vontade sobre a matéria, quando o artista reúne em si mesmo dois aspectos fundamentais da arte: o elemento formal e o elemento interno.[65]

O *elemento formal* se relaciona ao domínio do artista sobre a matéria, implicando vontade, constância, conhecimento e esforço, ou seja, o exercício de dispor livremente de suas habilidades interiores, somando sua capacidade técnica, que evolui com a prática, com sua disposição intuitiva. Essa habilidade resulta do e no poder do manuseio da matéria para a criação da imagem, que se adquire com a prática e permite ao artista alcançar um resultado mais fiel ao conceito idealizado. Sem a habilidade técnica, muitas vezes, o artista não consegue plasmar a ideia de maneira adequada. Esse domínio formal do artista, na manipulação do material para a representação formal de um conceito, é algo para onde mira o olhar de Stein (2005, p. 913): "O material pode obstaculizar, impedindo o plasmar da 'ideia' artística, e o espectador da obra deve perceber, quando, através da imperfeição da execução, quer penetrar até a ideia". Portanto, o domínio sobre a matéria permitirá o melhor exercício da vontade do artista.

Por sua vez, o *elemento interno* se relaciona à capacidade do artista de ouvir a voz da inspiração, de aceder aos princípios belos e estéticos que se encontram no mundo das ideias, que seja capaz de servir como receptáculo, ou como canal, como instrumento que deve estar adequadamente afinado[66]. A *ideia frustrada* que nos aponta Stein pode resultar de um afastamento da ideia pura quando o artista não é capaz de formar, também, a própria alma pessoal, para que se conecte com essa alma maior e cultural, atuando como um intérprete da bondade, da verdade e da beleza. A arte, genuinamente autêntica, afirma a conexão transcendental entre o bom, o verdadeiro e o belo.[67]

De outro modo, caso fosse entender a obra de arte como uma simples manifestação do mundo psíquico e onírico do artista, estaria a reduzir a criação artística a uma efemeridade muito inferior ao que realmente é, o que poderia significar inclusive a mera representação do caos de uma interioridade porventura completamente povoada pelas forças que habitam as profundezas da alma. Esse entendimento estaria a limitar a alma unica-

---

[65]   *Cf.* Padilha, 2006.

[66]   O conceito elaborado por Stein, trazido ao campo mais restrito da estética, é compatível com o que aponta Padilha (2006, p. 63, tradução própria), quando nos diz que "sem a necessária inspiração, sem a ressonância interior harmônica, não se pode produzir a beleza".

[67]   *Cf.* Lucena dos Santos, 2017.

mente ao campo da psique. A verdade da obra de arte vai muito além disso, porquanto, ainda que seja um reflexo da interioridade do artista/autor, a elaboração da obra de arte é capaz de transcender a esses níveis, alcançar a raiz da ideia e comunicar ao espectador, por meio do caráter simbólico do objeto artístico, os mesmos arquétipos que inspiraram o artista. Contudo, posso dizer que somente quando o artista está desperto, quando alcança a própria liberdade, pode dar asas soltas à sua inspiração, revelando a autenticidade por meio da obra de arte: representará por meio da *intuição*, ao invés de utilizar-se de seus *instintos*.

Visualizo que a arte reflete a dupla natureza da alma do artista, a natureza e o espírito, o sensível e o inteligível, o finito e o eterno, e o artista é como ponte entre o visível e o invisível, o terreno e o celestial.

Posso afirmar, portanto, que o artista precisa buscar o aperfeiçoamento dos dois âmbitos, o formal e o interno. Deve buscar o aperfeiçoamento da técnica, a partir da *habitualidade*, e a evolução de sua interioridade, pela *abertura*. No capítulo 6 direi que a habitualidade ou a prática por si mesma são estímulos que resultam na evolução do caráter, porquanto Stein aponta para uma conexão entre o núcleo, a alma e o caráter, capaz de se desenvolver a partir da *atividade*.

Quando o artista conjuga esses dois fatores, ele caminha pela verdade que se revela no outro e em si mesmo. Encontra seu ponto de chegada, a iluminação que revela uma conexão entre a verdade, a bondade e a beleza, pois a verdade é somente uma, mas ela se revela e é alcançada gradualmente, como se mostra a suavidade de Stein (2019a, p. 27):

> A verdade é uma, mas pode separar-se para nós em muitas verdades que devemos conquistar passo a passo; temos que nos aprofundar em um ponto para que possamos conhecer maiores valores, mas quando se abre um horizonte mais vasto, então percebemos em nosso ponto de partida uma nova profundidade.

Ao partir de mim mesma, alcançando a verdade pela arte, conheço minha profundidade em verdade divina, revelada também no próximo. E ao conhecer uma nova profundidade, eu me vejo não mais como uma pessoa individual, mas como um ser coletivo em unidade com o outro e com o todo universal.

Portanto, depreende-se da análise o conceito de ideia como um processo de amadurecimento e evolução pessoal. A ideia é atraída pelo artista, que encontra no aperfeiçoamento da obra, por meio do aperfeiçoamento da técnica (elemento formal), o aperfeiçoamento pessoal (elemento interno) que se expressa na própria obra por seu caráter simbólico, favorecendo sua interação dentro da coletividade. Eu parto de um comportamento relacionado a um *artista ingênuo e individual* até chegar à natural liberdade de um *artista desperto, histórico e cultural*.

A EMPATIA ESTÉTICA

Apesar do considerável acervo de pesquisas desenvolvidas com base no conceito de empatia em Stein nas mais diversas áreas do conhecimento (Pedagogia, Antropologia, Teologia, Psicologia, Saúde, Política, Sociologia, Direito etc.), pouco se explorou até agora essa teoria em relação à estética, o que é de se estranhar, considerando que Stein dedicou todo um capítulo de sua tese de doutorado à análise da relação entre empatia e estética. É pena que tal estudo tenha se perdido, não chegando a ser publicado por obstáculos econômicos evidenciados durante o período da Primeira Guerra Mundial. Também não se resgataram os manuscritos de Stein. Agora apontarei as boas peças encontradas para aprimorar a montagem desse quebra-cabeças e diminuir as lacunas.

5.1 Questões preliminares

Quando Stein se propõe ao estudo da empatia a partir do método fenomenológico, sua busca se ampara em um foco essencial: alcançar a compreensão de como é trazida à consciência o entendimento do conteúdo de uma vivência alheia. Ela parte da controvérsia sobre a empatia da suposição implícita de que as experiências dos sujeitos alheios nos são dados: "Os pensadores lidam com as circunstâncias da ocorrência, os efeitos e a legitimidade dessa doação. Mas o empreendimento mais imediato é considerar o fenômeno em si e por si e investigar a sua essência" (Stein, 1989, p. 3).

Esse é seu foco: como surge essa iluminação que nasce em mim, que me diz de uma vivência alheia consciente, portanto, que me diz de uma experiência alheia. O que isso me mostra? Que eu não apenas vejo um semblante expressivo, mas eu sei o que está por trás dele.

O que minha filósofa, aos 25 anos e bastante ousada, chama de "controvérsia" fica muito explícito em sua conclusão pela necessidade de ir mais a fundo, encontrando a essência desse ato *sui generis* que possui reflexos na constituição do indivíduo. Ou seja, a partir de um âmbito fenomenológico, alcançar um âmbito antropológico da empatia. Segundo Stein (1989,

p. 37 e 38, grifos e tradução próprios) isso não teria sido cuidadosamente investigado pelos pensadores do tema até então:

> Devemos tratar a empatia como um problema de constituição e responder à questão de como os objetos nas teorias usuais, tais como o indivíduo psicofísico, a personalidade etc., surgem na consciência [...]. Exceto por pouquíssimas tentativas, esses pensadores negligenciaram essas questões básicas. Isso fica muito claro em Lipps, que certamente alcançou o maior progresso em direção ao nosso objetivo. Ele parece estar preso ao fenômeno da expressão de experiências e volta repetidamente para aquilo de onde também quer começar [...]. Por exemplo, ele diz sobre o portador desses fenômenos de expressão: "Acreditamos que uma vida consciente esteja ligada a certos corpos em virtude de um 'ajuste inexplicável de nosso 'espírito' ou um 'instinto natural'". *Isso nada mais é do que a proclamação da maravilha, declarando a falência da investigação científica.* E se a ciência não tem permissão para fazer isso, então especialmente não a filosofia. Pois aqui não há mais nenhum domínio no qual ela possa empurrar questões não resolvidas como todas as outras disciplinas podem. *Isso significa que a filosofia deve dar a resposta final, obter a clareza final.*

Essa iluminação imediata (primordial) em mim, que é em verdade uma consciência minha de uma experiência alheia mediata (não primordial), Stein denomina de *Einfühlung*, traduzida para o português como *empatia*.

Subo um <u>primeiro degrau</u>: compreensão do cerne da pesquisa sobre o fenômeno da empatia.

Diante desse foco que dirige a pesquisa de minha filósofa, posso deduzir que a *empatia* não está agregada a qualquer tipo de valoração. Ou seja, a empatia steiniana não se vincula necessariamente à compaixão, à nobreza de caráter, à sensibilidade, nada do tipo. Ainda que todos esses elementos de valor possam ser satélites em relação à empatia, com ela não se confundem.

Darei um exemplo capaz de trazer bastante clareza: o sujeito pode ser um grande diabo que caminha pela rua ao se deparar com um pobre faminto, desabrigado e ferido, pedindo moedas debaixo do frio, roupa rasgada, semblante dolorido, sozinho no canto da calçada e a sua reação, após olhar no fundo dos olhos do mendigo, ser a de atear-lhe fogo e assistir à sua agonia sorrindo. Isso tudo após uma experiência de *empatia*. Ao menos no primeiro nível, nesse caso, terá ocorrido a empatia, porque a empatia é aptidão humana dada primordialmente, como a simples consciência minha de uma experiência alheia, uma aptidão que admite graduações. Claro que, na prática, a abertura ao outro já evidencia, em certo grau, uma tomada de atitude pautada em valor. Mas nem sempre a relação com o outro atinge um vivenciar completo do ato empático.

Como sublinha Stein, é possível que a experiência do outro seja concluída no primeiro nível da empatia, como, por exemplo, na relação médico-paciente: faz-se o diagnóstico depois de ter apreendido o primeiro nível, mas não se coloca no lugar do outro, nem se tem a interioridade alheia como objeto próprio.[68] Para um médico, vivenciar a relação de empatia de maneira completa lhe traria dificuldades na prestação dos cuidados ao paciente, pois possivelmente a projeção do seu *eu* na experiência porventura dolorosa do outro *eu* seria um verdadeiro obstáculo.

Subo um <u>segundo degrau</u>: empatia não é compaixão, embora possa andar com esta.

Ocorre que, para que essa iluminação dada à consciência, ao que se diz por empatia, possa ocorrer, ela precisa ser apreendida de alguma maneira. Ou seja, ela é dada ao sujeito a partir do mundo. E como é que o sujeito consegue vivenciar o mundo? Pela percepção imediata do mundo, promovida pelos simples sentidos. Vou ouvir isso na voz de minha filósofa: "Vivemos em um mundo que *nos entra pelos sentidos* e é precisamente por isso que *percebemos*" (Stein, 2020b, p. 97, grifos e tradução próprios).

Portanto, assim como a empatia, a percepção me ocorre de maneira imediata. Mas, a nível da consciência pura, a percepção só vai até aí: ela colhe do mundo e passa o bastão em simultâneo para a empatia, a partir do que poderá seguir com o desdobramento dos seus níveis.

Mais importante do que compreender que a empatia não é percepção, é perceber que a empatia requer percepção. Não há empatia sem a percepção entre indivíduos.

Subo um <u>terceiro degrau</u>: a empatia não é, mas requer, percepção.

Passo seguinte. A empatia é uma experiência em mim de uma experiência alheia. Sendo experiência alheia, requer uma consciência. Até aqui, aparentemente não há controvérsias. Mas é possível indagar: "Posso ter empatia por alguém que está dormindo?", referindo-se a um estágio inativo da consciência. Antes de elaborar uma resposta, vou me amparar sobre uma

---

[68]   *Cf.* Lopes Nunes, 2017.

compreensão mais precisa, a partir do que me diz a própria Stein (2005, p. 850, grifos e tradução próprios) em *Introdução à filosofia*:

> [...] quando contemplo uma *obra de arte*, então observo nela vestígios da atividade criativa da qual surgiu, eu posso representar essa atividade por meio da *empatia [Einfühlung]*[69]. Há que se considerar em primeiro lugar a ação externa. Posso intuir por meio da empatia os movimentos que são apropriados para produzir as formas correspondentes, a força dos golpes de pincel etc. Além disso, a aparência exterior da obra artística nos revela *uma determinada maneira de ver*, e seu *conteúdo de significado* nos revela o que é que preenchia a alma do artista, qual era a atividade de seu pensamento e de seus sentimentos ante o mundo – porque toda atividade criativa, todo o fazer em geral, brota de um *sentimento*, como uma *expressão* em sentido amplo –, no qual se descarrega a vida afetiva da pessoa, desencadeada por seu mundo circundante. Assim que as obras se convertem na manifestação da personalidade de seu criador [...].

Duas coisas são objeto de minha atenção nesse trecho: (1) a possibilidade de ter a experiência de empatia prescindindo do indivíduo empatizado, assumindo, em seu lugar, o objeto de arte na qualidade de *alter ego*; e (2) a expressão da consciência é suficiente para o ato de concepção da empatia, sendo irrelevante que a consciência esteja ou não ativa no momento da empatia. A seguir, eu detalho.

Primeiro ponto. Quando Stein me diz, no trecho, da possibilidade de ter acesso à experiência da consciência alheia ao contemplar uma obra de arte, ela não fala que tal ocorrência seja dada por meio da, digamos, ousadia, sintonia, harmonia, alegoria, telepatia, obra de magia, fantasia, melancolia ou nostalgia... Ela usa *empatia*, ou melhor dizendo, *Einfühlung*.

Segundo ponto. O que é que me permite ter experiência de empatia a partir da obra de arte: a *expressão de uma consciência*. Isso requer que eu esteja diante de uma pessoa consciente? A resposta é não. Porque, quando Stein me diz que "posso intuir por meio da empatia os movimentos e o conteúdo do artista", ela não condiciona essa possibilidade à necessidade de o artista estar consciente durante a relação de empatia, porque torna--se irrelevante que o artista esteja desperto ou até mesmo vivo. Em suma,

---

[69] Em alemão temos o uso do termo *Einfühlung*: "*Da kommt zunächst schon das äußere Handeln in Betracht. Ich kann mir die Bewegungen durch Einfühlung veranschaulichen, die geeignet sind, die betreffenden Formen hervorzubringen, die Kraft der Hammerschläge und dgl*".

havendo em algum momento uma consciência que possa ter sido capaz de expressar uma interioridade alheia para que eu possa colhê-la: encontro portas abertas à empatia.

Outro ponto-chave: essa expressão da interioridade pode se dar, inclusive, por meio da visualização das sensações alheias:

> E as sensações certamente não são expressões de fato. No entanto, é certamente uma forte afirmação de que eles não nos são dados diretamente, mas apenas como o suporte básico de estados de sentimento. Aquele que não vê que o outro está com frio por causa de seu "arrepio" ou nariz azulado, tendo primeiro que considerar que esse desconforto que sente é realmente um "frio", deve estar sofrendo de notáveis anomalias de interpretação. (Stein, 1989, p. 61, tradução própria)

Dessa forma, caso em que, por exemplo, eu não consiga saborear a experiência de um mendigo que dorme na rua, corpo contraído pelo frio, a questão não é da impossibilidade de empatia. Afinal, eu não estaria diante de uma pedra. No caso, a questão está na *indisponibilidade à abertura*, que me impossibilita vivenciar a empatia. Lembro que a abertura é condição da empatia. Nesse estrito sentido, ser humano é uma opção, caso eu me disponha à abertura ou não. O exemplo mostra que eu percebo o mendigo que dorme, mas escolho não saborear de sua intimidade, não me projeto até ele, para me colocar dentro de sua experiência. Vejo, portanto, que em termos filosóficos a empatia é em si uma experiência íntima.

Ainda do que foi dito anteriormente, eu realmente não posso ter uma relação de empatia com uma pedra, ou com uma mesa, com uma escada, ou seja, com objetos do mundo que não tenham ou expressem uma interioridade. Quero dizer, com objetos que não sintam fome ou desejo, entusiasmo ou desespero. Mas isso não é de todo impossível. Pois posso perfeitamente intuir, por meio da empatia, a experiência interior do artista que esculpe a mesma pedra, ou a interioridade do carpinteiro que desenhou os detalhes da mesa, ou a emoção do artífice que elaborou os desenhos do azulejo que reveste a escada: aqui me dou conta mais precisamente do âmbito metafísico e inevitável da empatia, amparado em seu desempenho fenomenológico, com reflexos de âmbito antropológico.

Portanto, subo um <u>quarto degrau</u>: a empatia requer a expressão de uma consciência, mesmo que esta não esteja mais ativa.

Considero relevante apontar que o entendimento de Stein acerca da *empatia* em relação à sua tese doutoral parece ter passado por uma evolução a partir de seu estudo da obra *Meditações cartesianas*, de Husserl, com reflexo desse desenvolvimento na obra *Introdução à filosofia*.[70] Encontro margem a novas possibilidades de reflexões da empatia com respaldo na analogia ou fantasia, o que muito tem aplicabilidade no campo da estética.

Uma última questão preliminar que considero relevante ao tema: posso ter experiência de empatia, inclusive, com relação às experiências alheias que sejam inéditas para mim de maneira que encontramos margem para a aplicabilidade da *analogia*.

Isso ocorre porque, representando minhas próprias vivências, trazidas à memória, ou até mesmo por meio da expectativa ou da fantasia, posso utilizar recursos obtidos por essa representação na idealização da experiência alheia, mediante a analogia.

De modo equivalente, posso ter empatia por seres irreais ou sem corporeidade, como por criaturas fictícias, por meio de relatos literários, por meio da imaginação, ou mesmo por espíritos puros, carentes de corporeidade, aqui apoiados também pela analogia. Isso devido ao âmbito metafísico da empatia.

Subo um <u>quinto degrau</u>: é possível ter empatia por criaturas irreais ou seres desprovidos de corporeidade.

Só mais um avanço: tenho que considerar que a empatia não depende da ausência de enganos. Ou seja, é plenamente possível que o sujeito empatizante tenha uma experiência não primordial de um conteúdo alheio que não seja compatível com o conteúdo primordial do sujeito empatizado. Isso não diminui a intensidade da vivência da empatia.

Por meio desse panorama inicial alcanço uma elevação necessária para visualizar todos os elementos da empatia de Stein, indo adiante no aprofundamento da questão.

5.2 Empatia e percepção

Stein deixa muito bem demarcada a distinção entre a *empatia* e a *percepção externa*, tendo como consideração central o fato de que, diferente da empatia, a percepção externa é dada corporalmente: "A percepção tem seu objeto diante de si corporificado; a empatia, não" (Stein, 1989, p. 19, tradução própria).

---

[70] *Cf.* Caballero Bono, 2010; Lawson, 2020.

Posso fazer a seguinte afirmação: a percepção externa se distingue da empatia porque somente mediante a *empatia* eu posso acessar uma interioridade alheia, a mim demonstrada por meio de uma expressão de consciência do outro, capturada por mim pela *percepção sensível*.

Digamos que, por uma metáfora, o eu empatizado fosse uma "fruta": diante de uma árvore, eu olho para seu fruto, eu percebo sua cor, sua forma ou sua textura e, assim, conheço aquela espécie de fruta, mesmo a uma certa distância. Somente pela empatia eu chegaria a conhecer o íntimo da fruta. Eu precisaria tocá-la, saboreá-la, sentir seu cheiro para ter o conhecimento de sua doçura ou de seu amargor, de seu aroma suave ou cítrico, de sua frieza ou calor. Essa é uma etapa com um grau mais íntimo e intracorpóreo. Ou seja, eu sei da fruta à distância dela e por fora, pela percepção, mas o conhecimento de sua intimidade (aroma, sabor, frescor, ardência, etc.) eu só colho de perto ou por dentro, quando me abro, por aquilo que seria a experiência de empatia aplicada à metáfora. Nesse sentido, a empatia é uma experiência de intimidade.

Mas isso não quer dizer que a empatia não seja primordial. A empatia é, sim, uma vivência primordial, assim como também é a percepção. Elas ocorrem simultaneamente nessa primordialidade, mas seguem caminhos sobrepostos. Eu posso olhar para alguém que está com uma mão cortada, sangrando, e seu semblante está angustiado e sofrido. Tudo isso eu conheço por meio da minha percepção externa. Contudo, a *dor* que eu tomo à consciência, expressa pela pessoa diante de mim, eu só posso conhecer por meio da empatia. De modo que eu não posso ter uma percepção externa da vivência interior alheia, mas simplesmente empatizá-la:

> Desnecessário dizer que não tenho percepção externa da dor. A percepção externa é um termo para atos nos quais o ser concreto espaço-temporal e a ocorrência vêm a mim na doação corporificada [...]. A dor não é uma coisa, não me é dada como uma coisa, mesmo quando a percebo no semblante dolorido. Eu percebo esse semblante externamente e a dor é dada "em harmonia" com ele. (Stein, 2005, p. 6, tradução própria)

De fato, a empatia não é percepção, mas dela depende, pois é a percepção que permite o diálogo com a expressão da consciência alheia. A empatia se direciona à compreensão interpretativa de vivências interiores de um eu alheio de maneira que não há outra maneira de captar essa experiência do outro se não por meio de meus sentidos e minha capacidade perceptiva. Se eu vejo uma mão ferida e sangrando, eu não tenho empatia por essa mão ferida e sangrando. Eu terei a percepção externa, por meio da minha visão, da existência dessa mão ferida e sangrando. Mas essa percepção externa não atinge a dor alheia que me chega à consciência. Essa dor alheia somente eu encontro por meio da empatia.

Como afirmei, tanto a percepção externa quanto a empatia me são dadas primordialmente. Enquanto a empatia me permite uma *abertura* à interioridade de uma pessoa alheia, a percepção externa me revela que há uma vivência que se expressa por meio de uma corporeidade. Ainda que sejam representações distintas, só há possibilidade de empatia se houver uma chave de acessibilidade à interioridade alheia e essa chave é a percepção sensível. É o que posso deduzir daquilo que me aponta Stein (1989, p. 117, tradução própria) ao final de sua pesquisa inicial:

> Tendo penetrado neste labirinto, encontramos nosso caminho pela diretriz do "significado", mas até agora não encontramos outra entrada senão aquela que usamos, a expressão sensorialmente perceptível nos semblantes ou nas ações [...]. Eu, como indivíduo psicofísico, não obtenho informações sobre a vida espiritual de outros indivíduos de nenhuma outra maneira.

Essa é a conclusão a que chega Stein quando finaliza seu relato de empatia na relação intersubjetiva. Em se tratando de pessoas humanas, a filósofa caminha pela essência de vivências entre indivíduos típicos, dotados de uma necessária corporeidade e da capacidade de expressão. No entanto, Stein chega a considerar a possibilidade de outra entrada quando da relação que inclua os indivíduos espirituais puros (por exemplo, seres divinos, ou anjos), hipótese cujo aprofundamento não cabe em meu estudo atual.

As formas de empatia que Stein traz como exemplo em sua tese de doutorado são, basicamente, aquelas em que eu posso experienciar a empatia quando "um amigo me conta" de sua experiência, ou "quando eu falo de minha experiência", ou aquelas em que há um "semblante que expressa uma sensação". Assim, sem sombra de dúvidas, a percepção externa ou a percepção sensível é o que possibilita e conduz a empatia. Em conclusivo afirmo, assim, que posso ter *percepção* sem ter a experiência da empatia. Mas não posso ter empatia se não houver previamente a percepção.

5.3 Etapas da empatia

Toda empatia requer percepção e a percepção já é, *de per si*, um ato espiritual, capaz de conduzir ao *primeiro nível da empatia*, porquanto por meio dela eu sou levado à possibilidade de "colher" uma vivência interior alheia. A primeira etapa da *empatia* é chamada de *o emergir da experiência*, quando a experiência surge, emerge para mim. Nesse nível inicial, a vivência emerge diante de mim no rosto do outro, apresentando-se como um objeto. Vejamos como nos isso ocorre a partir do trecho de *Ana Karenina*:

> Quando Levine se reuniu novamente a Kitty, o rosto da moça readquirira serenidade, e os seus olhos, a expressão franca e acariciadora – *mas ele pensou descobrir em seu tom afável uma nota de tranquilidade forçada*, o que o deixou muito triste. (Tolstói, 2022, p. 53, grifo meu)

Nesse trecho, o <u>primeiro nível</u> da empatia está demonstrado, quando Levine percebe o semblante de Kitty e que seus olhos tinham readquirido uma expressão franca e acariciadora demonstrando serenidade. No <u>segundo nível</u> da empatia, chamado de *explicação completa* ou *explicação do preenchimento da vivência*, eu me projeto e sou conduzido ou transferido para dentro do eu alheio e me situo em seu lugar. No trecho, esse nível aparece quando Levine vivencia a interioridade de Kitty, na posição de sujeito, e reconhece a partir dela, *alter ego*, os sentimentos que experiencia e demonstra expressamente, vendo-se a si mesmo como objeto, a partir do olhar do *alter ego*. Já o <u>terceiro nível</u> é chamado de *objetivação abrangente da experiência explicada*. Levine toma novamente a vivência interior de Kitty como objeto e tem a explicação de que os sentimentos que Kitty pretendeu expressar não são genuínos, pois aparentam "forçados". Percebe-se que mesmo a ausência de expressão, assim percebida, é uma forma de expressão.

Levine encontrou em Kitty uma atitude forçada, que expressava algo que não era autêntico. A intimidade da consciência alheia pode ser apreendida, como vimos, não apenas nas expressões voluntárias. Uma outra maneira de apreensão é a percepção da sensibilidade alheia.

Posso, por exemplo, perceber que uma pessoa desagasalhada passa frio, já que tenho em mim o conhecimento próprio dessa experiência. É na segunda etapa da empatia o momento de interpretação, ou o de *sentir o sabor* e o *aroma* da vivência alheia e, com essa reflexão, eu posso agregar outros elementos como a analogia ou a fantasia à experiência da empatia. Ou seja, enquanto a empatia, assim como a percepção, é dada a mim de modo primordial e imediato, a concepção em mim de um conteúdo alheio me é dada de modo *não primordial* e mediato.

Outra questão colocada acerca desse mesmo patamar é a possibilidade de preencher o conteúdo da empatia por meio da fantasia[71]. É o que possibilita pensar na empatia a partir da obra de arte, até mesmo em relação a personagens fictícios. Nesse ponto, entendo que a fantasia, diferente da imaginação ou do elemento fantástico, está amparada na percepção sensorial que nos dá uma resposta intuitiva plausível.

É na terceira etapa da empatia que posso encontrar o resultado resolutivo do processo empático. Eu tenho uma experiência de empatia que é não primordial oriunda de uma experiência alheia primordial. Aqui está encerrada a empatia. Aqui eu posso experienciar não primordialmente uma vivência inédita para mim. Posso ainda ter aqui, por exemplo, uma vivência de um tipo religioso que não seja o compatível com minhas afinidades, possibilitado incluir uma representação por meio da fantasia ou alimentada pela analogia desdobrada da representação pela memória. Aqui eu tenho a possibilidade de ter a visão do eu alheio como um indivíduo que, "semelhante a mim", carrega vivências que são próprias. Aqui eu consigo me avaliar em relação ao olhar do outro, eu consigo valorar meus próprios valores em relação ao valor do outro. Aqui a empatia se torna um constitutivo do eu mesmo.

Encerrando-se aí o processo de empatia, nas três etapas antes descritas, não se encerram, contudo, seus efeitos no âmbito emocional. Há casos em que eu assumo em mim originariamente um sentimento equivalente ao alheio, ou mesmo um sentimento distinto. Vimos que Levine assumiu uma tristeza após a experiência de empatia. Essa tristeza é originária, pois nasce de sua vivência e não está contemplada em nenhum dos níveis da empatia. Ao brotar a tristeza, a vivência da empatia já foi completada. Nesse ponto, Stein diverge de Theodor Lipps (Wallhalben/Alemanha, 1851 – Munique/Alemanha, 1947), pois este considerava que nessa nova disposição sentimental ainda ocorria a empatia.

O ponto nodal da questão é que, em sua tese doutoral, Stein deixa muito explícito que seu estudo de empatia requer uma relação intersubjetiva, ou seja, entre pessoas em suas corporeidades. Assim, pensar em relação de empatia de uma maneira que o objeto de arte seja parte, fazendo as vezes do *alter ego*, de certa forma contradiz o estudo original da empatia steiniana. No entanto, creio que os apontamentos trazidos da própria filósofa confirmam

---

[71] *Cf.* Lawson, 2020.

essa hipótese de evolução. Se, por um lado, levanta-se um entendimento questionável sobre a possibilidade de uma empatia imprópria dentro das relações estéticas, tendo o objeto de arte como parte representativa da interioridade alheia, podemos destacar, por outro lado, como fato incontroverso, que a empatia é elemento crucial no conhecimento do eu:

> Também vemos a importância do conhecimento da personalidade do outro para o conhecimento de si mesmo no que foi dito. Não só aprendemos a nos transformar em objetos, como antes, mas através da empatia com as "naturezas relacionadas", isto é, pessoas de nosso tipo, desenvolve-se o que está "adormecido" em nós. Pela empatia com estruturas pessoais compostas de forma diferente, tornamos claro o que não somos, o que somos mais ou menos que os outros. Assim, junto com o autoconhecimento, também temos uma ajuda importante para a autoavaliação. (Stein, 1989, p. 116, tradução própria)

A compreensão de si mesmo a partir da personalidade do outro brota da ampliação de valores que encontramos no outro e que se compatibilizam com nossa natureza, dentro de um contexto diferente do que até ali apresentou-se ao empatizante.

> Uma vez que a experiência do valor é fundamental para o nosso próprio valor, ao mesmo tempo que novos valores são adquiridos pela empatia, os nossos próprios valores desconhecidos tornam-se visíveis. Nós nos tornamos conscientes de nossa própria deficiência ou desvalorização. Toda compreensão de diferentes pessoas pode se tornar a base de uma compreensão de valor. Visto que, no ato de preferência ou desconsideração, valores frequentemente passam a ser dados que permanecem despercebidos em si mesmos, aprendemos a nos avaliar correta e ocasionalmente. Aprendemos a ver que nos sentimos como tendo mais ou menos valor em comparação com os outros. (Stein, 1989, p. 116, tradução própria)

Contudo, cabe registrar que a *empatia estética* pode levar a valores além daqueles a serem colhidos de uma relação empática propriamente dita, ou seja, entre pessoas humanas típicas. Quando o objeto é trazido como parte da relação de empatia, na forma da expressão da interioridade do outro, ele agrega à relação empática uma interpretação de um conteúdo simbólico que possui um alcance mais amplo, pois ultrapassa as limitações linguísticas que perpassam a comunicação e que se expressam como parte da percepção entre as pessoas como fonte interpretativa.

A experiência empática determina uma alteração na concepção da própria corporeidade do eu empatizante, ou seja, os reflexos da relação de empatia vão além de uma análise do corpo alheio que lhe serve de fundamento. A própria possibilidade de conceber a si mesmo desde fora, enquanto corpo físico como os demais, é possibilitada pela experiência de empatia.

A compreensão acerca de si pode ser corrigida por meio de uma elaboração conceitual relacionada à apreensão de si mesmo como visto de fora, a partir do olhar do outro, de como os outros me veem. Essa é uma situação de empatia reiterada, o ter empatia a partir de uma empatia, o que resulta em uma elaboração compreensiva acerca de si. É um processo de reflexão voltar uma e outra vez sobre si mesmo, e sobre os outros, em um conhecimento que se dirige ao eu e ao outro.

Stein compreende que tanto a empatia reiterada como a percepção interna possibilitam o engano. Posso perceber de mim mesma de maneira aquém do que a forma como as pessoas me percebem.

> A empatia revela-se ainda um outro lado como uma ajuda para nos compreendermos. Como Scheler nos mostrou, a percepção interior contém em si a possibilidade de engano. A empatia agora se oferece a nós como um corretivo para tais enganos juntamente com outros atos perceptivos corroborativos ou contraditórios. É possível que outro "me julgue com mais precisão" do que eu me julgo e me dê clareza sobre mim mesmo. Por exemplo, ele percebe que procuro aprovação ao meu redor quando mostro gentileza, enquanto eu mesma penso que estou agindo por pura generosidade. É assim que a empatia e a percepção interior trabalham de mãos dadas para me entregar a mim mesma. (Stein, 1989, p. 89, tradução própria, grifo meu)

Assim, a empatia e a percepção andam juntas, de mãos dadas, como que aplicando a "prova dos nove" para a apreensão de si mesmo.

5.4 A empatia no mundo da arte

Antes de conduzir a este tópico, é oportuno lembrar que, em sua tese doutoral, Stein inicia sua abordagem com uma explanação sobre os conceitos anteriores da empatia, trabalhados por outros importantes pensadores. Ainda considerando que o capítulo específico de referido estudo sobre a *empatia estética* não tenha alcançado a possibilidade de qualquer publicação ou resgate após a morte da filósofa, temos nas linhas introdutórias da autora uma referência à análise da empatia estética feita pot Stephan Witasek (Áustria, 1870-1915), criticada pela filósofa pelo fato de dispensar o envolvimento dos sentimentos:

> Ele [Witasek] toma o caráter objetivo da empatia para ser provado juntamente com o caráter representacional. A partir de uma ideia equivocada (que é uma experiência intelectual em contraste com uma experiência emocional), chega à absurda consequência de negar que os sentimentos de empatia envolvam emoção. Ele ainda baseia sua conclusão em um argumento especial: a empatia não pode envolver sentimentos porque falta a "suposição de sentimento" (o "algo" ao qual o sentimento poderia estar relacionado). (Stein, 1989, p. 20, tradução própria)

Em contraste com o que foi dito por Witasek e a partir do alerta feito por Stein, a evidenciação do caráter sentimental da empatia relacionado à constituição do indivíduo deve ser favorecida na análise do tema, já que a estética, como disciplina filosófica, é justamente a antologia reflexiva focada no sensível, no belo e na arte, que contempla a emoção. Isso porque, quando o espectador, enquanto contempla a obra de arte, acessa intuitivamente por meio da empatia o conteúdo interior do artista, isso não se dá por um acesso racional. A empatia genuína fornece ao *eu empatizante* uma amostra do *eu empatizado* por via de uma linguagem intuitiva e de sentimento, antes mesmo de se cogitar suas razões. De repente se acende um clarão e o peito já está aberto e borbulhando. E conhece-se até mesmo o que deixou de ser dito.

A bem da verdade é que a empatia sequer foge do lugar-comum se amparada pelo campo das artes. Há quem diga que o próprio termo alemão, *Einfühlung*, foi cunhado por Rudolf Lotze (Bautzen/Alemanha, 1817 – Berlim/Alemanha, 1881) justamente no campo da teoria da arte, inspirado no termo grego *"empatheia"*, (ou seja, *em+patheia*, como *em estado de paixão, emoção, sentimento* ou *compaixão*), referindo-se à capacidade que deve dispor o receptor para projetar na obra de arte a própria personalidade.

Fontes mais precisas apontam para Robert Vischer (Tubinga, Alemanha, 1847 – Viena/Áustria, 1933) como o responsável pelo termo quando, em 1873, definiu *Einfühlung* como um meio de conhecer determinada obra de arte por meio da projeção de sentimentos humanos. De acordo com Cabral[72], Vischer afirmava a possibilidade de o observador, ao contemplar um objeto estético, poder se projetar até a obra, chegando a perder graus de autoconsciência.

---

[72] *Cf.* Cabral, 2014.

Contudo, foi Lipps quem desenvolveu a primeira teoria científica de *Einfühlung* e trouxe o conceito de *empatia* da estética para o entendimento entre os seres humanos[73].

5.4.1 Das representações das vivências

Novamente tomando a tese doutoral, encontramos uma análise da empatia em relação a outros atos de representação, como a memória, a expectativa e a fantasia. Stein (1989, p. 7, tradução própria) enfatiza que esse caráter representacional não é dado por meio de um signo, mas sim de uma vivência imanente que reproduz os atos vivenciados de maneira originária:

> Todas as nossas experiências presentes são primordiais. Não há nada mais primordial do que a própria experiência. Mas nem todas as experiências são dadas primordialmente nem primordiais em seu conteúdo. A memória, a expectativa e a fantasia não têm seu objeto presente corporalmente diante delas. Elas apenas o representam, e esse caráter de representação é um momento imanente e essencial desses atos, não um signo de seus objetos.

Assim, referindo-se à minha própria experiência, ou seja, a que é dada em primeira pessoa, por um lado, tenho a possibilidade de "que toda a experiência seja dada primordialmente, ou seja, é possível que o olhar reflexivo do 'eu' na experiência esteja corporalmente presente" (Stein, 1989, p. 7-8, tradução própria). Por outro lado, "é possível que todas as nossas próprias experiências sejam dadas não primordialmente na memória, na expectativa ou na fantasia" (Stein, 1989, p. 8, tradução própria). Quando Stein coloca essas três possibilidades de representação de vivências, dentro do campo da primordialidade representacional e de uma presentificação da vivência, coloca, de um lado, a *fantasia* e, do outro, a *memória* e a *expectativa*:

> O "eu" que produz o mundo fantasiado é primordial: o "eu" que nele vive é não primordial. As experiências fantasiadas contrastam com a memória porque não são dadas como uma representação de experiências reais, mas como a forma não primordial das experiências presentes. Esse presente não indica um presente temporal objetivo, mas um presente experienciado que neste caso só pode ser objetivado em um presente "neutro" de tempo fantasiado. (Stein, 1989, p. 9, tradução própria)

---

[73] *Cf.* Cabral, 2014, p. 15.

Contudo, não é no âmbito da primordialidade ou não primordialidade em si que reside a questão a ser considerada ao se supor a compatibilidade de outras representações dentro da empatia. Porquanto, diferente da memória e da expectativa, que trazem o eu mesmo ao tempo presente, reproduzindo um eu pessoal em primeira pessoa, somente com relação à fantasia é concebível que eu possa representar em minha interioridade uma experiência alheia, ou seja, em terceira pessoa. Ou seja, eu posso representar a experiência alheia em minha interioridade por meio da fantasia, e não somente a minha experiência pessoal, o que não é possibilitado pela memória ou pela expectativa, porquanto essas duas modalidades de representação dirigem-se unicamente ao eu pessoal representado interiormente no tempo presente. A fantasia, por sua vez, permite a representação interior de um eu alheio em um presente neutro de tempo fantasiado, o que poderia induzir à primeira etapa da empatia, a se desdobrar ou não nos níveis seguintes de maneira convencional.

Aqui encontro uma primeira chave, que é a constatação de que a fantasia, tomada de maneira mais ampla do que a aquela originalmente evidenciada por Stein (dita como "genuína"), referindo-se, assim, ao invés de uma experiência própria, a uma experiência alheia, encontro a possibilidade de me deparar com uma experiência de empatia por analogia. Ou seja, eu idealizo a experiência alheia porventura inédita a mim a partir do meu entendimento sobre aquilo que suponho esperado caso eu me encontrasse na mesma situação daquele com quem empatizo.

Deparo-me agora diante da seguinte bifurcação: primeiro, lendo uma narrativa de Goethe, há a possibilidade de que eu represente empaticamente a consciência de Goethe? Nesse ponto, semelhantemente ao que ocorre com o objeto de arte material, parece que não resta dúvida quanto a tal possibilidade, pois o caráter de obra de arte não está na materialidade do objeto, mas no conteúdo imagético ainda que imaterial. Carece-se, neste caso, somente da percepção externa, o que, como já afirmei, diferencia-se da empatia e, portanto, não é condição para a relação empática. Nesse caso, parece-me razoável apontar para o fato de que a *percepção sensível* seria o gatilho para iniciar a representação empática.

Nesse mesmo sentido, diz Caballero Bono (2010, p. 47, tradução própria):

> Posso empatizar com Goethe lendo suas obras sem nunca ter visto antes. [...] Edith Stein disse que posso empatizar certas

vivências nunca antes vivenciadas por mim. Por exemplo, a estrutura do tipo religioso, mesmo que eu não me identifique com esse tipo.

Dessa forma, entendo que a vivência da consciência do artista pelo apreciador da obra imaterial é possível empaticamente, já que é acionada pela *percepção sensível* que, tal qual a *percepção externa* vinculada à corporeidade do objeto de arte, é distinta da empatia. Em outras palavras, não podemos ter percepção da vivência do artista, mas podemos empatizá-la.

O segundo ponto da bifurcação visualizada está relacionado à possibilidade de ter uma vivência de empatia pelo personagem irreal da narrativa de Goethe. A ver o que revela Stein (1989, p. 11, grifos e tradução próprios) quando define o objeto do seu estudo sobre empatia:

> Assim, a empatia é uma espécie de ato *sui generis* [...]. É a experiência da *consciência alheia* em geral, *independentemente do tipo de sujeito da experiência* ou do sujeito cuja consciência é experimentada. Discutimos apenas o "eu" puro, o sujeito da experiência, tanto do lado do sujeito quanto do lado do objeto.

Quando Stein utiliza o termo "consciência alheia", ela toma como essencial dentro da vivência da empatia a existência de uma consciência distinta da minha para que dela eu possa colher uma experiência, admitindo-se a possibilidade de que a analogia figure como gatilho para esse processo:

> É facilmente possível que a expressão de outra pessoa me lembre de uma das minhas, de modo que atribuo à sua expressão seu significado usual para mim. Só então podemos assumir a compreensão do outro "eu" com uma expressão corporal ou como uma expressão psíquica. A inferência por analogia substitui a empatia talvez negada. Não produz percepção, mas um conhecimento mais ou menos provável da experiência alheia. (Stein, 1989, p. 27, tradução própria)

Parece que surge, assim, um campo aberto à doutrina da *analogia*, apesar das ressalvas verificadas no entendimento inicial de Stein, tornando-se elemento inevitável na explicação da compreensão do outro. Essa abordagem reafirma a parcela metafísica da empatia, indo além da sua análise no campo fenomenológico e "talvez ajude a compreender as hesitações de Husserl quanto ao papel da analogia na fenomenologia da intersubjetividade" (Caballero Bono, 2010, p. 47).

De acordo com Caballero Bono, a própria Stein revela hesitações em relação à aplicabilidade da analogia na experiência de empatia, já que na obra *Sobre o problema da empatia*, apresenta uma crítica da inferência por analogia, entretanto, por outro lado, sustenta a possibilidade da vivência da empatia com indivíduos de espécies distantes das nossas (como os animais e as plantas), adubando um vasto terreno favorável ao cultivo de interpretações. Por sua vez, na obra *A estrutura da pessoa humana*, a filósofa admite a interpretação analógica do alheio por referência ao próprio e do próprio por referência ao alheio, tema ao que dedica todo um capítulo.

Minha análise depõe a favor da possibilidade de uma relação de empatia em relação ao indivíduo inconsciente (que dorme, por exemplo), acionando-se a analogia e a fantasia diante de um corpo vivenciante alheio que, mesmo temporariamente inconsciente, guarda as marcas de sua interioridade na expressão exterior (roupas, cicatrizes, objetos de uso), podendo nos levar a deduzir suas sensações (se dorme desagasalhado, é possível perceber que sente frio; se está muito magro, que sente fome), mas uma análise mais apurada desse caso específico foge aos objetivos da presente elaboração.

5.4.2 Das possibilidades observadas de empatia estética

Assim, entendo pela possibilidade da *empatia estética* nos seguintes moldes:

- (1) *entre artista e modelo*, no caso de pintor ou escultor; (2) *entre artistas que interagem entre si*, no caso de dançarinos ou atores em peças de teatro; (3) *entre espectador e artista que performa*, como no caso da formação de *plateia*: para todos esses casos, tomando-se como objeto outro indivíduo pessoal, tem-se a possibilidade da *empatia típica* favorecida pela emoção que é trazida dentro da experiência da arte;

- (4) *entre o espectador e o objeto de arte materialmente corporificado* como no caso do espectador diante de uma pintura, escultura, ou fotografia, prescindindo da presença física do *alter ego*, este representado pelo próprio objeto de arte: tem-se a empatia que chamo de *atípica*, pois o objeto de arte se torna parte da relação, tendo como gatilhos a *percepção externa*, a *imaginação* e a *analogia*, o que viabiliza a continuidade da relação em todos os seus níveis;

- (5) entre o *apreciador* e o objeto de arte cuja imagem é imaterial, real ou fictícia, como ocorre com a apreciação de obras literárias e música: tem-se a empatia atípica em direção ao personagem, ainda que fictício, e a empatia atípica também em relação ao autor/artista, tendo como gatilho de acionamento da vivência empática a *percepção sensível* e a *fantasia*, esta como representação da consciência alheia em tempo neutro.

Esse rol é exemplificativo e não se esgota dentro de um critério de previsibilidade, porquanto a experiência de empatia, na prática, além da atipicidade das partes, admite muitas direções, inclusive, de maneira reiterada, como posso visualizar do belo trecho retirado de *O mágico de Oz*: "Com isso, Dorothy começou a soluçar, *porque se sentia solitária entre essa gente estranha*. Suas lágrimas pareceram comover os bondosos Munchkins, porque eles imediatamente tiraram seus lenços e também começaram a chorar" (Baum, 2011, p. 22, grifo meu).

Nesse trecho, o leitor pode experienciar a empatia em relação a Dorothy, mas também em direção aos Munchkins que empatizam Dorothy. Mais fundo, podem empatizar consigo mesmos percebendo o próprio processo de empatia, o que se enquadra no conceito de empatia reiterada. Por outro lado, o leitor pode vivenciar a empatia direcionada ao autor da obra, *in casu*, L. Frank Baum (EUA, 1856 – 1919), e intuir as intenções e motivações experienciadas durante o processo de criação do texto. Posso ter experiência de empatia lendo esse trecho se já tiver me sentido solitária antes, ou mesmo se nunca tiver passado por algo parecido, porque tenho condições de contemplar, pela analogia, como isso seria. Posso, ainda, vivenciar a empatia a partir da lembrança de um conhecido, que passou por experiência semelhante, trazida à memória por meio da narrativa e posso acionar involuntariamente também a fantasia. Enfim, essas são apenas possibilidades que identifico como compatíveis com a ocorrência da empatia dentro da experiência da arte no conceito steiniano, que sem dúvida me levam a um crescimento pessoal pela ampliação da consciência sobre mim mesma.

5.5 Como arte para desvendar-se: o viés da *empatia estética*

Dentro da filosofia steiniana, é incontroverso o caráter da empatia enquanto constitutivo da individualidade, na medida em que dá ao sujeito empatizante a visão de si mesmo como ser no mundo, colaborando com a percepção interior, de modo que, unindo os resultados dessas duas aptidões do ser humano (empatia e percepção interior), o indivíduo se dá conta de uma maior consciência de si mesmo.

Quanto à relação empática ocasionada pela experiência estética, apesar das perdas de escritos originais relacionados ao tema elaborado por Stein em sua tese de doutorado, considerando, por outro lado, a literalidade trazida pela filósofa em sua elaboração posterior de empatia inserida na obra *Introdução à filosofia,* publicada cinco anos após seu doutoramento, comungo com aqueles que se posicionam no sentido de reafirmar o âmbito transcendental da empatia, que deságua na questão antropológica.

Por consequência, evidencia-se a conexão da empatia para o desenvolvimento da personalidade, porquanto isso já se afirmava dentro de todas as possibilidades mesmas já apontadas por Stein na empatia propriamente estabelecida. A mesma conexão mostra-se compatível quando verificada a ocorrência de empatia na experiência da arte. Ainda que a forma estética da empatia se desenvolva mais pela analogia e pela fantasia, ela não estará sujeita a maiores enganos que a empatia em sua forma típica.

Por outro lado, a experiência estética torna-se capaz de potencializar os resultados antropológicos da empatia. Isso porque a *empatia* vivenciada no âmbito da *estética* comunica valores além daqueles que podem ser colhidos de uma relação empática propriamente vivenciada, ou seja, entre pessoas humanas típicas. Quando o objeto de arte é posicionado como parte da relação de empatia, na forma da expressão da interioridade do outro, ele agrega à vivência empática a comunicabilidade e a possibilidade de interpretação de um conteúdo simbólico dotado de um alcance mais amplo, pois ultrapassa as limitações linguísticas que perpassam a comunicação e que se expressam como parte da percepção entre as pessoas como fonte interpretativa, já que tais limitações muitas vezes podem gerar ruídos. Não quero dizer, contudo, que a empatia estética é capaz de substituir a empatia típica, pois nesta há vivências que aquela não alcança. Não obstante, a empatia estética assume um caráter de imprescindibilidade dentro de uma formação integral do ser humano por alcançar valores inexplorados no âmbito da empatia convencional, mormente o conteúdo simbólico da parte empatizada.

Pode-se desde já registrar que, da análise elaborada, resta o encontro de peças importantes que podem ser agregadas ao tema que, sem dúvida, era tão apreciado por Stein. A partir do que foi desenvolvido, torna-se possível afirmar a admissibilidade, ainda dentro do pensamento da filósofa, de uma relação de empatia que tenha como parte o objeto de arte que, sendo expressão consciente da interioridade do artista, permite a abertura intersubjetiva, cuja troca segue as etapas presentes na empatia própria rumo à alteridade.

Desdobra-se, a partir dessa constatação, a compreensão de que a empatia exige, sim, uma consciência, porquanto não posso empatizar com um bloco de pedra, ainda que eu possa empatizar com uma escultura. Contudo, é desnecessário que a consciência revelada pela expressão esteja ativa ou desperta durante a relação de empatia. Portanto, do mesmo modo que eu posso experienciar a interioridade do artista por meio da apreciação de uma escultura ou da leitura de um romance, na qual imprime e expressa sua interioridade representada pela imagem material ou não, estando o artista vivo ou não, eu posso vivenciar a empatia em relação a alguém que dorme, portanto, inconsciente, a partir do que me revelam as expressões de sua consciência em seu corpo, que me chegam à percepção.

No âmbito da *empatia estética*, portanto, há uma ampliação da capacidade interpretativa da vivência alheia, diante do caráter simbólico da obra de arte, que supera certas dificuldades linguísticas, tal qual ocorre por meio das "parábolas", ampliando a capacidade de compreensão limitada pela natureza finita do ser humano.

6

TUDO REQUER FORMAÇÃO

Oportunamente reitero que, na antropologia steiniana, o núcleo, ou alma da alma, é a meta a qual se deve almejar para uma constante atualização das próprias potencialidades, dentro de um modo em que o agir pessoal seja livre e consciente, buscando sempre o melhor para si e para os outros. O ser humano torna-se o que é quando torna atuais as potencialidades contidas em si mesmo.

Esse é um processo lento, contínuo e gradativo. A pessoa necessita do tempo, do estar em *devir*. Nem sempre o processo evolutivo ocorre por vias voluntárias, pois normalmente o sujeito que vive para sobreviver ou acumular valores materiais é ignorante dessa necessidade e acaba perdido em um labirinto de banalidades e distorções. Perde-se, nisso, muito tempo distraído ou pairando pelos muros d'*O Castelo Interior*, ou pela periferia de sua alma, seja aprisionado pelos níveis de *causalidade* que lhe mantém ocupado em contemplar as *sombras da caverna*, entorpecido, regando e colhendo os próprios instintos em um ciclo sem fim num contexto emocional, totalmente à deriva de influências, sem acesso à própria liberdade, ainda que esteja iludido, crendo em sentido enganosamente contrário:

> [...] sentimentos e emoções são "contagiosos", passando facilmente de uma alma à outra como simples estados, sem receptividade para os valores apresentados, nem lugar na alma da respectiva pessoa, seja no presente, seja em outro momento. Assim, não se alcança uma verdadeira formação: trata-se de um simulacro tido em conta de realidade. Por isso, é importante educar para a autenticidade dos sentimentos, para aprender a distinguir a aparência da realidade fora e dentro da própria alma. Isso é impossível de realizar sem um verdadeiro treinamento do intelecto. *As meras emoções precisam ser transformadas em conhecimento de valores, em que intelecto e afetividade cooperam de uma determinada maneira.* (Stein, 2020a, p. 102, grifo meu)

A afetividade incorre naturalmente na experiência estética, desde que trazida a tal cooperação. As emoções precisam ser educadas, para que não se consumam a si mesmas pelas vias dos instintos vinculados à carne, de acordo com o que nos aponta Stein (2020a, p. 96):

> Na ausência de treinamento da razão e da vontade, a vida emotiva se transforma em movimento sem rumo certo. E como ela necessita de alguns estímulos para entrar em ação, pode passar a ser dominada pela sensualidade por falta de orientação por parte das forças superiores do espírito. Nesse caso, a vida da alma afunda nos instintos animalescos, sentindo-se até incentivada a isso pela ligação estreita com o corpo.

Esse desenvolvimento requer a ativação das forças da alma, nutridas pelo material que se alcança por meio das emoções e dos sentimentos reflexivos, trazidos à consciência, que demandam uma reação do sujeito espiritual pautada na vontade:

> Vimos que a alma só consegue desenvolver-se pelo acionamento de suas forças, e as forças só conseguem operar quando dispõem de um material, material este que deve combinar com elas: assim os sentidos operam com as impressões que recebem e processam, a razão com os pensamentos, a vontade pelas potências que lhe são características, o ânimo pela variedade de emoções, disposições e posicionamentos. Para tudo isso são necessárias vontades que ponham as forças em ação. (Stein, 2020a, p. 97)

Pela experiência estética tenho a porta para o sentir. Tudo se inicia por meio das sensações, dos simples sentidos, da percepção, ampliando-se o ato do espírito para a tomada de posição e conhecimento.

A experiência criativa ligada à arte tem uma ressonância com os atos livres. Há nisso uma importância dentro da filosofia de autodesenvolvimento, considerando que é do centro nuclear pessoal de onde se origina o direcionamento para a atualização das potencialidades pré-estabelecidas essencialmente, de maneira a ser observada uma causalidade motivacional, que é superior, pois mantém-se alinhada à liberdade:

> O conhecer e o querer são atos livres e, também, a entrega aos movimentos, inicialmente espontâneos, do ânimo ou sua recusa, estão ligados à liberdade. Desta maneira, o ser humano, consciente de sua liberdade, não fica entregue às forças formadoras externas como se fosse uma matéria passiva, pois

> ele é capaz de abandonar-se a elas ou de recusá-las, ele pode procurar as chances de formação ou pode evitá-las. De modo que a iniciativa livre, própria, também faz parte dos fatores que participam da formação da alma. (Stein, 2020a, p. 97)

É fato que "os cinco sentidos são apenas canais para que a alma receba informações ainda ligadas à materialidade (a cor desta rosa, o som deste instrumento, o cheiro e o gosto deste alimento, a textura desta superfície)", mas isso já envolve uma "ação da alma, em suas funções sensíveis (o intelecto possível), que inicia o conhecimento, captando as espécies e conservando-as no intelecto possível" (Savian Filho. *In*: Stein, 2019a, p. 204).

Para Stein (2019b, p. 197), as sensações são o princípio do conhecimento:

> O conhecimento de uma coisa, entendido como conhecimento de um objeto não análogo ao eu, requer: 1) um fluxo de sensações; 2) uma atividade espiritual (uma sequência de atos intelectuais); 3) que o sensível seja ao mesmo tempo inteligível; 4) que o objeto tenha uma estrutura formal correspondente à regra da sucessão de sensações e atos.

Já desde Husserl, em uma de suas diversas formulações, temos a expressão de que "o coração do método fenomenológico está na arte de fazer falar simplesmente o olho que vê" (Gerl-Falkovitz. *In*: Stein, 2019, p. 14, prefácio). Isso nos mostra como a percepção sensível líquida é o princípio do método fenomenológico e a chave do conhecimento.

E dessa primeira necessária cooperação do intelecto já está perfeitamente clara a profunda articulação entre tornar-se pessoa e a ativação da dimensão espiritual. Diante da própria natureza humana que, como afirmei, concede-lhe condições de exercer da prerrogativa da própria espiritualidade, é o indivíduo mesmo que deve conduzir-se de maneira a desviar das "cenouras de burro" e seguir por um caminho consciente de despertar gradual, conforme lhe conduza o próprio livre-arbítrio, ainda que haja limitações essenciais:

> Graças ao livre-arbítrio, ele mesmo pode trabalhar em sua formação, *pode acionar livremente suas forças e cuidar de seu desenvolvimento*, pode abrir-se às influências formadoras ou recusá-las. Como as forças que vêm de fora, *também ele está condicionado ao material preexistente nele* e à força formadora que lhe é inerente: ninguém pode fazer com que seja algo que não esteja nele por natureza. (Stein, 2020a, p. 113 e 114, grifo meu)

Ou seja, a liberdade de ação existe, embora não seja ilimitada. Portanto, em primeiro lugar, tem-se que cravar a questão de que o trabalho formativo deve propiciar intervenções sistemáticas e geradoras da ativação de forças naturais que possam acionar a formação necessária, em uma constante atualização de potencialidades, de modo a colher os frutos do próprio *poder-ser*.

> [...] o que recebe o ser está *em potência* em relação com o que recebe. Assim, pois, se tomarmos um sentido literal de "potência" (o δύναμις), que significa "poder" ou "capacidade", assim o *in potentia esse* é um estar "em capacidade" ou "em possibilidade", ou seja, "um poder-ser" [...]. A *passagem* do potencial ao ato, ou melhor, como podemos dizê-lo agora, do *ser possível ao ser real* é uma passagem de um modo do ser a outro, e precisamente de um modo inferior a um modo superior. (Stein, 2019a, p. 61-62, grifo do original)

A segunda questão que devo aterrar é a de que o processo de formação está limitado ao próprio conteúdo do núcleo e, pelas vias humanas, não se pode chegar a um desígnio que esteja além daquilo que já esteja íntima, prévia e naturalmente contemplado na forma interna, com exceção daquilo que nos seja dado pela graça. "Só existe uma força formadora que, ao contrário das mencionadas até agora, não é limitada pela natureza podendo transformar até mesmo a forma interna a partir de seu interior: é a força da graça" (Stein, 2020a, p. 114).

Esse fator deve ser considerado quando se pretende estruturar um *plano de formação* mesmo a partir da experiência de arte, devendo privilegiar a ativação de inclinações particulares e os gostos pessoais e familiares, como se pode aduzir a partir das saborosas narrativas de nossa filósofa, sendo indispensável que seja oportunizado o contato com diversas abordagens artísticas para que seja a pessoa mesma que consiga fazer o reconhecimento daquilo que é ou não compatível com sua ambiência peculiar:

> (Os primos) eram ótimos músicos; passávamos bastante tempo ao piano. Com muita paciência eles nos ensinaram a tocar a quatro mãos. Conseguiram até que eu tocasse algumas sinfonias de Beethoven, eu que não tinha muita destreza. (Stein, 2018, p. 77)

> Como eu gostava muito de desenhar quando criança, perguntavam-me se não queria ir para a Academia de Artes. Recusei a proposta, pois sabia que não tinha talento [...]. As decisões vinham de uma profundeza que nem eu mesma conhecia. No momento em que uma dessas decisões aparecia e iluminava a consciência, ganhando uma forma definida, nada mais podia me segurar. (Stein, 2018, p. 183)

> A família era amante das artes; lá – assim como na casa dos Koppel – conheci muita coisa que faltava em nossa casa. O gosto pelas artes plásticas não era muito cultivado em nossa família; preferiam-se a Literatura e a Música. (Stein, 2018, p. 195)

Percebo como mui relevante a segurança apontada por Stein que alcançava quando acessava uma certeza no âmbito de sua profundeza interior, que iluminava a consciência e que a impulsionava ao agir, tornando-se obstinada pela percepção de que a escolha que tomava era compatível com sua essência, ou seja, com as potencialidades contempladas em sua natureza, inscritas em sua interioridade mais íntima. Essa certeza era impulso a seu processo de formação e dota a escolha a ser tomada de um caráter de *dever*, além de uma simples *possibilidade*, resultando em uma exigibilidade de decisão cobrada pelo eu sobre si mesmo, que se ilumina à consciência.

É o terceiro ponto que preciso destacar: o "poder-dever" de formar-se que detém o homem, de maneira que toda formação é tida como uma autoformação. Mas, antes de me empenhar na tarefa de trazer as bases para a delimitação dessa expressão, banharei com águas límpidas o conceito mesmo do processo de formação, chegando ao entendimento do que nos aguarda na linha de chegada, já aqui desde o momento em que se inicia nosso percurso:

> Assim chegamos a um certo entendimento do que se dava entender por formação: o processo (ou o trabalho) que confere à aptidão da alma uma configuração moldada. (Costuma-se falar também em formação como resultado desse processo, ou seja, a forma que a alma adquire, ou eventualmente a alma assim moldada ou até o material espiritual que ela assimila). (Stein, 2020a, p. 98)

6.1 Do *poder-dever* de formar a si mesmo

"Podes porque deves. Essa máxima, que se leu talvez com alguma estranheza na *Crítica da razão prática*, de Kant, aqui se impõe como expressão da exigência vivida" (Stein, 2019b, p. 461).

6.1.1 Do poder

Como já dito no primeiro capítulo, Stein concebe um mundo onde tudo o que nele há pertence ou ao reino da natureza ou ao reino do espírito. O ser humano pertence aos dois reinos, e é seu espírito (*Geist*), conferindo-

-lhe a prerrogativa da *abertura*, que o diferencia de outros animais, pois lhe converte apto a tornar-se senhor de seus atos, a partir de quando apreende a própria liberdade. Encontro bem contextualizados os reflexos dessa natureza ambivalente na inteligente abordagem de Mendes da Rocha (2021, p. 104):

> No ser humano existe, além da alma vegetativa e da alma sensitiva, a alma intelectiva, ou racional, o espírito, que a diferencia dos demais reinos. Tem existência própria e superior à do corpo; tem que se governar, formar-se e governar-se a si mesma e, ao mesmo tempo, construir o mundo que circunda. Para isso, precisa de material constitutivo de natureza espiritual.

Tal questão se aprofunda na obra *A estrutura da pessoa humana*. Ao falar daquilo que é especificamente humano, minha filósofa elabora um panorama que engloba todas as vertentes desse processo formativo direcionado ao homem, nessa compreensão de um *poder-dever* pessoal de tornar-se si mesmo:

> Que quer dizer que o homem é responsável de si mesmo? Quero dizer que dele depende o que ele é, e que se lhe exige fazer de si mesmo algo concreto: *pode e deve formar-se a si mesmo*. Que quer dizer esse "o homem" e esse "si mesmo", esse "pode" e esse "deve", e esse "formar-se"? *O homem é alguém que diz de si mesmo eu.* (Stein, 2020b, p. 94, grifos do original e tradução própria).

E ela segue assim, delimitando todos os elementos de um processo de autoformação humana. Acerca desse *o homem*, Stein (2020b, p. 94) nos aponta que é um *eu* apto a ser *"dono de si e desperto"*, uma *"pessoa livre e espiritual"*, portanto, distinta de todos os seres da natureza. "Espiritualidade pessoal quer dizer *despertar* e *abertura*. Não somente *sou*, e não somente *vivo*, mas eu *sei* de meu ser e de minha vida. E tudo isso é uma e a mesma coisa" (Stein, 2020b, p. 94 e 95, tradução própria).

A filósofa afirma que a vida espiritual não é um saber *a posteriori* pelo qual a vida estaria convertida no objeto do saber de maneira reflexiva. O espírito é um eixo transversal que é "como uma luz por onde está atravessada a vida espiritual como tal" (Stein, 2020b, p. 95, tradução própria). É a vida espiritual um saber originário que compreende tanto as coisas à frente e distintas de si mesma, por meio da abertura para fora, do mesmo modo que compreende de si mesma, por meio da abertura à interioridade.

Onde está o poder do homem de tornar-se aquilo que deve ser a partir do que é? Stein (2020b, p. 95, tradução própria) me mostra que no homem: "não há apenas lugar de transformação da impressão em expressão ou em ação, mas que o mesmo está como pessoa livre no centro e tem em suas mãos o mecanismo de mudança, ou, mais precisamente, *pode* tê-lo em suas mãos".

Isso porque a tomada de tal *poder* requer o alcance da liberdade: "Que quer dizer liberdade? Quer dizer o seguinte: eu *posso*" (Stein, 2020b, p. 95, tradução própria). Portanto, esse *poder de formar a si mesmo* está necessariamente vinculado ao exercício da própria liberdade pessoal. Essa liberdade pessoal se revela na *motivação* dos atos. Como já afirmei, a liberdade tem lugar próprio na estrutura da pessoa humana: eu conheço o mundo por meio dos sentidos e dessa maneira os sentidos me convidam a me aprofundar em minha contemplação e *motivam-me* incessantemente a passar a atos perceptivos novos de meu mundo perceptivo. E, nesse processo, vou avançando no conhecimento do mundo das coisas.

A forma básica da vida anímica humana se revela por meio da *intencionalidade*, sendo que esta requer três elementos: (1) o *eu* que observa um objeto; (2) o *objeto* que o eu observa; e o (3) *ato de vivência* em que o eu se dirige a um objeto desta ou daquela maneira.[74]

Por meio de sua vida *intencional*, o espírito ordena o material sensível e percebido em uma estrutura e, desse modo, acessa o interior de um mundo objetivo, chegando ao *entendimento* e ao *intelecto*. Quer dizer que o eu, utilizando-se de sua prerrogativa intelectual já desde o nível mais básico, ou seja, o da percepção sensível, e aprofundando-se nessa possibilidade racional, experimenta as motivações a partir da abertura objetiva, apreendendo e dando seguimento ao sensível colhido a partir da observação dos objetos que procedem do mundo, sejam eles obras da natureza, sejam do *homo faber*, podendo dar seguimento ao uso de sua *livre vontade*: "É necessária e simultaneamente um eu *volitivo*, e de sua atividade espiritual voluntária depende que seja aquilo que ele conhece. O espírito é *entendimento* e *vontade*" (Stein, 2020b, p. 97, tradução própria). Aqui se tem a compreensão de que o conhecimento e o querer estão reciprocamente condicionados.

Seguindo a ordem estrutural das prerrogativas do espírito, tem-se: *abertura*, amparada na percepção sensível (simples sentidos + percepção), *entendimento* e *vontade*. A formação espiritual não se realiza somente pelas meras vivências sensoriais (dos simples sentidos) nem pela percepção do

---

[74] *Cf.* Stein, 2020b.

mundo: as duas coisas estão estreitamente relacionadas para possibilitar, novamente diremos, a *abertura*, dessa vez, à dimensão dos *valores*:

> O animal sente prazer e desprazer e suas reações são determinadas por eles. O homem sente *prazer* ou *desprazer* em certas coisas, que precisamente por isso a ele parecem *agradáveis* ou *desagradáveis*. Sente-se elevado ou ameaçado e justamente por isso as coisas respectivas a ele parecem *ameaçadoras* ou *elevadas*. (Stein, 2020b, p. 98, grifos e tradução próprios)

Por meio de níveis, ou degraus, tem-se que o acesso ao "prazer ou desprazer" é dado em um primeiro degrau por meio dos simples sentidos, como o toque da mão em uma superfície ardente. Já a classificação de um objeto como algo "agradável ou desagradável" já está em um segundo degrau, o de uma esfera perceptiva. O terceiro degrau consiste na qualificação de algo, ou seja, na atribuição de uma qualidade ao objeto, como "ameaçador ou elevado", pois aí já estão incluídos os valores, quando o sentimento se torna qualificado.

No primeiro degrau, o homem divide com os animais o sentir como simples *sensações* inerentes aos simples sentidos. No segundo nível, o homem atribui um sentir ao próprio sentir e chega ao *sentimento sensível*. No último nível, o sentimento se torna qualificado e assume o status de *impressionabilidade*.

O âmbito dos *valores*, por sua vez, assume um sentido de ambivalência, porquanto se por um lado tem-se os valores objetivos (agradável ou desagradável, nobre ou vulgar, belo ou feio, bom ou mau, sagrado ou profano), por outro lado há presente um âmbito de relevância desses valores para o sujeito que os capta, na condição de valores subjetivos (útil ou nocivo, entusiasmante ou repulsivo, aquilo que me faz sentir bem ou feliz e aquilo que me deprime ou gera amargura). Indo mais além, esses valores revelam uma peculiaridade inerente ao homem mesmo:

> [...] uma peculiar estrutura de sua alma, que resulta afetada pelos valores de modo mais ou menos profundo, com intensidades distintas e repercussões mais ou menos duradouras. Analogamente ao que ocorre no campo da percepção, estamos aqui diante de uma conjunção de passividade e atividade, de ser comovido e de liberdade. (Stein, 2020b, p. 98, tradução própria)

Portanto, nesse sentido, o poder assume múltiplas possibilidades quanto ao exercício de minha própria liberdade. É certo que os valores me convidam a uma contemplação mais detida, a penetrar neles com mais profundidade.

Contudo, posso aceitar ou não esse convite e, em sendo aceito, posso dar-lhe diversas direções. Por sua vez, resta ainda possível a relação à comoção (mover-se com, ser conduzido por algo): "posso entregar-me a uma alegria que salta de meu interior, permitindo que surta todos os efeitos, ou posso reprimi-la, negando-lhe cabimento em mim" (Stein, 2020b, p. 98, tradução própria).

Há um outro aspecto com relação aos *valores*. Eles não apenas motivam um avanço no campo cognitivo, tampouco simplesmente são uma mera resposta de meus sentimentos; além disso, são *motivações* em um novo sentido. Com efeito, exigem uma determinada *tomada de posição da vontade* e a atuação correspondente: "o crime não somente exige cólera, mas castigo e medidas de defesa contra ele" (Stein, 2020b, p. 98-99, tradução própria). Aqui tem-se a possibilidade de tomada de posição e geradora de uma atuação meramente reativa, ou bem uma livre decisão que determina a atualização *ex professo*, seja no mesmo sentido que a tomada de posição involuntária, seja em sentido contrário a ela. "Esta resposta livre é a forma de querer e de atuar especificamente pessoal" (Stein, 2020b, p. 98-99, tradução própria).

Assim, não é a estrutura do eu, de *per si*, que remete necessariamente à atuação livre do eu, mas sim a intencionalidade e o *poder* de atuar livremente. A isso se soma a *formação* efetuada pela *livre atividade* do eu mesmo, quando decide por esta ou aquela, dentro do campo das diferentes possibilidades de atuação. O que resulta atualizado é decisivo para que as potências cheguem a se consolidar como hábito, considerando a relação de vínculo entre corpo e alma, sendo que o corpo é a expressão da alma, de maneira que a configuração da alma e do corpo se produzem em um mesmo processo:

> O homem é determinado em sua integridade pelos atos pontuais de seu eu, é "matéria" para a formalização efetuada pela atividade do eu. Aqui nos encontramos ante o *si mesmo*, que pode e deve ser formado pelo eu. Aquilo pelo que eu me decida em um momento dado determinará não somente a configuração da vida desse momento, mas que será relevante para aquele em que eu, o homem como um todo, me *converta*. Se agora eu pratico piano ou saio a um passeio, se domino um momento de cólera que começa a se apoderar de mim ou dou rédea solta à ira: disso depende não somente o modo que transportará na hora presente. De que toque *uma vez* não depende que possa chegar a ser uma virtuosa no piano [...]. (Stein, 2020b, p. 99-100, grifo do original)

Tem-se, assim, um fluxo de atividades habituais mantidos por uma linha de continuidade. Com a quebra dessa linha, levando a uma maior dificuldade de retomada, exige-se um esforço maior individual, contra uma tendência que, com a quebra, aponta para um sentido contrário ao objetivo. Essa escolha já é, por si, um exercício da liberdade, quando a atividade corporal, a partir do hábito, é resultado da escolha consciente de manter-se em continuidade, razão que leva à configuração da alma e do corpo que evolui em um mesmo processo:

> Porém, toda decisão cria uma disposição a voltar a tomar outra decisão análoga. Quando mais frequentemente eu me desvie da prática do piano, mais energia necessitarei para a decisão oposta. Ao mesmo tempo, com a omissão contínua dos exercícios se torna impossível que a aptidão musical chegue a converter-se em uma habilidade. Desta maneira e sempre no marco das possibilidades naturais, *que eu chegue a ser uma profissional de música, ou não, é algo que está nas mãos de minha liberdade.* (Stein, 2020b, p. 100, tradução própria, grifo meu)

É aqui que percebo um *eu* que tem diante dele o *si mesmo*, que pode e deve ser formado por aquele. Pela liberdade de adquirir os próprios hábitos, em um fluxo de escolhas, o *eu* tem o *si mesmo* como objeto de formação. Essa possibilidade, já afirmei, é, também, um dever.

6.1.2 Do dever

Já disse que Stein afirma que "o homem pode e *deve* formar a si mesmo". Neste ponto já consigo compreender que é necessário pressupor a liberdade para que tenha sentido dizer de um dever que se aplica ao homem. Nossa filósofa nos aponta a maneira para aceder até essa liberdade: por meio da própria *consciência*.

> Pode fazer-se ouvir diretamente como um apelo interior a fazer ou omitir algo, por exemplo, a controlar a ira incipiente e a não se deixar arrastar por uma ação motivada pela mesma. A função da alma com a qual ouvimos esse chamado, e que aprova ou reprova nossos atos quando já tem tido lugar, ou inclusive enquanto o estamos efetuando, recebe o nome de *consciência*. (Segundo São Tomás, deve ver-se nela tanto uma potência como um hábito e um ato). (Stein, 2020b, p. 109, tradução própria, grifo do original)

A consciência nos dá a iluminação de que devemos nos conduzir de determinada maneira, e isso o faz de modo concreto, diante de circunstâncias e momentos determinados, exigindo de nós a livre submissão de nossa vontade: "O 'tribunal' da consciência não julga unicamente a ação, mas também nos diz algo sobre nosso modo de ser: a 'boa' ou 'má' consciência não é boa ou má em si mesma, mas atesta como é nossa alma" (Stein, 2020b, p. 110, tradução própria).

Stein nos diz que não é a consciência que nos concede uma imagem de um modelo como critério para nos orientar em nossas condutas. Essa imagem global é dada ao homem concretamente na figura humana: "conheço uma pessoa e tenho a impressão de que assim é como se deve ser" (Stein, 2020b, p. 110, tradução própria). E é dessa primeira impressão que desdobram a exigência, assim como o propósito e a decisão de tomar essa pessoa como modelo e de dar a nós mesmos a mesma forma que ela nos inspira, atuando em um contexto *motivacional*, unindo elementos como a impressão reconhecida, a valorização baseada nela, um desejo e uma decisão da vontade, que resulta, finalmente, em uma conduta prática permanente.

Obtém-se, assim, um critério por meio do qual a vontade pode orientar-se para impulsionar a tarefa da autoconfiguração, enquanto percebemos o chamado da consciência que nos convida a seguir por determinado caminho. Contudo, é necessário que se atenda a esse chamado: esse é o nosso *dever*.

De acordo com Stein, é possível que se tome como modelo uma *ideia abstrata do homem*, idealizada a partir da imagem resultante de uma autoridade humana ou divina, capaz de me fazer aspirar a converter-me até ela, sendo este um critério que guia o processo de autoconfiguração. Ela fornece um belo esboço desse processo:

> [...] no homem habita um eu consciente de si mesmo e capaz de contemplar o mundo, um eu que é livre e que em virtude de sua liberdade pode configurar tanto seu corpo como sua alma, que vive por sua alma e que devido à estrutura essencial dela vai se submetendo a uma formação espiritual, antes do eu com a autoconfiguração voluntária, aos atos pontuais de sua vida e a seu próprio ser permanente corporal e anímico. (Stein, 2020b, p. 110-111, tradução própria)

O corpo pode passar por um processo de espiritualização pessoal, de servir como instrumento de atuação e criação. O corpo dá notícia do espiritual que nele vive. É um corpo cheio de significados que me revela o modo de ser espiritual do homem.

6.2 O Ethos da experiência estética

Há na alma uma atitude constante ou a totalidade de seus hábitos que se destaca na vida profissional de uma pessoa como uma marca homogênea, que Stein compreende como *Ethos*. Isso minha filósofa afirma para mostrar que toda profissão tem seu Ethos específico, exigido por sua própria razão de ser: "a solicitude da enfermeira, a prudência e determinação do empresário etc." (Stein, 2020a, p. 47).

Esse Ethos pode estar naturalmente no ser humano "ou pode ser despertado aos poucos pela execução frequente das atividades e dos comportamentos correlatos; nesse caso, começa a determinar o comportamento de dentro da pessoa" (Stein, 2020a, p. 48), caso em que prescinde de uma regulamentação externa, já que se desenvolve a partir de uma característica inata.

Do mesmo modo que a atividade profissional pode ativar o desenvolvimento do Ethos específico e pessoal, a habitualidade do fazer artístico em seus diversos modos de expressão também fornece tal possibilidade. De maneira análoga ao que se verifica no campo profissional, a atividade artística possibilita o despertar para características relacionadas à peculiaridade de uma pessoa.

Posso perceber a paciência e o senso de proporção do pintor ou a acuidade perceptiva do desenhista, assim como a habilidade anatômica do escultor, a criatividade e ritmo do poeta ou do dançarino, a capacidade de memorização ou de narração do ator etc. Há inúmeras qualidades a serem aclaradas no eu a partir de uma atividade artística habitual. Como já mostrei:

> [...] a alma humana não é um ser pronto, parado. Seu ser é um *vir-a-ser* em que as forças que ela traz ao mundo em sua forma germinal devem desenvolver-se pela atividade. Assim, [...] só pode aproximar-se do desdobramento perfeito da personalidade a que ela aspira acionando suas forças. (Stein, 2020a, p. 93-94, grifo meu)

De maneira que:

> [...] nos movimentos e nas disposições do ânimo, a alma toma consciência de seu próprio ser e daquilo que ela é e como é, e assim ela reconhece também a importância do outro ser para si própria bem como a qualidade específica e o valor inerente das coisas fora dela, de outras pessoas e de objetos não pessoais. (Stein, 2020a, p. 95)

EMPATIA ESTÉTICA E OUTROS VIESES ANTROPOLÓGICOS DA EXPERIÊNCIA DA ARTE EM EDITH STEIN

Stein realizou uma pesquisa aprofundada sobre a natureza feminina. Ela afirma que, enquanto a tendência do homem visa sobretudo adquirir conhecimento por meio da intelectualidade e objetividade, tendo o agir como atitude, encontrando nesse campo sua força de realização, a força da mulher, por sua vez, está na vida afetiva, que é mais conciliadora e ampla:

> O órgão de identificação do ser, em sua totalidade e em sua peculiaridade, está inserido no centro de seu ser condicionado à aspiração de desdobrar-se no todo e ajudar aos outros a se desdobrarem igualmente, característica essa que igualmente já identificamos na alma da mulher. (Stein, 2020a, p. 95)

Por sua predisposição maternal e de *companheirismo*, a sensibilidade e compreensão femininas favorecem à mulher uma capacidade de aprofundamento em temas que, de per si, lhe seriam estranhos e com os quais nunca se aprofundaria, não fosse esse interesse peculiar originário de seu núcleo a desdobrar-se, resultando em uma vida desperta.

Assim, encontro no campo da arte um terreno muito profícuo para o desenvolvimento do Ethos inerentes à natureza feminina, por estar acampado justamente no local de força feminina, ou seja, a afetividade e sensibilidade. Há gêneros artísticos que são nitidamente compatíveis com a delicadeza, inclinação estética, poética e reflexiva, que estão muito presentes na mulher.[75]

---

[75] Observemos, contudo, que historicamente são os homens que colhem os frutos comerciais trazidos da arte. Em seu curso, *Mulheres na arte*, Costa (2021) analisa e expõe: "Mulheres artistas expandiram a esfera da arte para o domínio dos afetos, da vida íntima e doméstica, comentando de maneira indireta o lugar de seu gênero na sociedade. É importante lembrar que, no século XIX e em grande parte do XX, as artistas mulheres muitas vezes pertencem a estratos sociais privilegiados, por isso é raro representarem mulheres trabalhando ou cuidando de casa. Esses temas estão mais presentes na arte realista, que se posiciona criticamente em relação à desigualdade social. Até a emergência do movimento feminista, esse recorte é raríssimo na arte das mulheres, sugerindo a reafirmação da arte das mulheres no âmbito da afetividade. É o que explica a desvalorização da sua produção. Por mais que as pessoas digam o contrário, afetos, cuidados e intimidade não têm nem valor social, nem valor econômico. Profissões relacionadas ao cuidado são dominadas por mulheres e extremamente mal remuneradas. Considero o caso da Louise Bourgeois (Paris, 1911 – Nova York, 2010) emblemático. Ao construir uma obra sobre temas ligados à sexualidade, ao desejo, ao afeto, à mulher, seus papéis e funções corporais, enfrentou uma dificuldade imensa para ter seu trabalho reconhecido, o que só foi possível num contexto muito diferente daquele em que produziu durante a maior parte da vida. Mas esse caso é emblemático também porque não vemos muitas artistas mulheres trilhando o mesmo caminho, isto é, explorando esse universo. Mesmo as que o exploraram em um registro simbólico, como as artistas surrealistas, que são numerosas, acabam de certa maneira se locomovendo em uma estética dominada por homens, como aprendemos nos livros e nas exposições. Vivemos em um momento favorável à expressão dessa riqueza que as mulheres trouxeram para a arte e que diz respeito a uma discussão muito mais profunda sobre o que é ser humano e o que é preciso para transformar a própria cultura".

6.3 Vislumbre de um *plano de formação* a partir da estética

De tudo o que pude analisar da filosofia steiniana, posso afirmar que:

a. o homem se distingue essencialmente dos outros seres mais por sua aptidão espiritual que o habilita à *abertura*;

b. o mundo me é dado ao conhecimento por meio dos simples sentidos juntamente pela percepção, esta, já afirmei, constitui o movimento mais básico do exercício da dimensão espiritual, e possibilita a *abertura*;

c. por meio das emoções, ocorre uma descarga interior que me transforma;

d. por meio dos sentimentos apreendo e estruturo uma hierarquia de valores;

e. a *liberdade* requer *motivação* como domínio da *vontade*.

Cada uma dessas ocorrências torna-se inerente a todo processo de autoformação, pois repercute na integração da peculiaridade e desenvolvimento da personalidade.

É um *poder-dever* indeclinável do eu, mas que é alcançado, contudo, somente após a identificação e o domínio das vontades para a realização de atos livres e realizadores. "Agir é sempre produzir o que não está presente. O *'fieri'* do querer se conforma ao *'fiat'* da decisão volitiva e ao *'facere'* do sujeito da vontade em ação" (Stein, 1989, p. 55, grifos e tradução próprios).

O que todos esses pontos levantados têm em comum? Um vínculo direto e imediato com a experiência estética. Assim, posso demonstrar.

Ora, a arte me convida à abertura ao mundo, dada tanto de maneira direcionada ao mundo exterior quanto à própria interioridade. A gênese de toda experiência artística está em meu contato afetivo com o mundo por meio dos sentidos que me levam a um ato de percepção, portanto, espiritual. O caráter afetivo da experiência da arte estimula o aprofundamento do exercício das aptidões da dimensão espiritual e sou induzida a ir além do perceber: posso refletir, captar o material sensível e os atos de minha própria vida, a reconhecer a forma essencial das coisas, abstrair, imaginar, fantasiar, elaborar, criar com as minhas próprias mãos. Ou seja, é inerente à experiência estética a experimentação mais profunda da dimensão espiritual, portanto, peculiar da pessoa humana.

Além disso, a arte me permite o contato com as emoções e com os sentimentos que estão vinculados aos valores, ou seja, à afetividade. Com isso, a prática criativa permite que eu tenha o conhecimento do arquétipo da liberdade, já que, enquanto crio eu realizo dentro de um campo artístico escolhas amparadas no âmbito da vontade, em que encontro a motivação e visualizo meus gostos e valores com os quais tenho ou não afinidade. Dessa maneira, a atividade criativa, por si mesma, já é um exercício da própria liberdade em menor escala.

Por outro lado, para aquele que experiencia a arte na qualidade de espectador, posso afirmar que recebe o convite à abertura objetiva. O objeto criado esteticamente recebe parcela da dimensão espiritual tanto do artista quanto da cultura no âmbito da coletividade. O espectador se torna capaz de experienciar empaticamente os sentimentos do artista e, como já compreendo, isso resulta em uma projeção para uma nova visão de mundo, que amplia ou modifica a visão de mundo originária, gerando desenvolvimento e elevação subjetiva, ou seja, uma ampliação de consciência.

Todo objeto de arte é um símbolo e, ademais, tem a aptidão de dizer o que já foi dito de uma maneira inovadora e mais clara, características às quais se soma o caráter emocional da experiência. Essa possibilidade faz do objeto de arte uma coisa capaz de tomar o espectador *por assalto*, a partir do momento que se depara com uma experiência de espanto e leva a imagem de mundo do espectador até um outro nível de compreensão e novo ponto zero de posicionamento.

A arte comunica o belo. O belo possui conexão com a verdade e a bondade e, por isso, eleva a alma. Posso ouvir na voz de Stein (2020a, p. 101, grifo meu) que a experiência estética é essencial e irrecusável dentro de um processo de formação:

> Deve-se *recorrer ao belo* em todos os seus gêneros e às demais categorias estéticas. Deve-se usar a verdade que instiga o espírito humano sem descanso [...]. Não se trata apenas de estimular a afetividade de uma maneira geral. Em todas as emoções existe um elemento valorativo: tudo o que nos anima traz consigo uma conotação positiva ou negativa; seja para o respectivo indivíduo ou independente dele, em si, de modo objetivo. Com isso, as próprias emoções podem ser classificadas de "certas" ou "erradas", de "adequadas" ou "inadequadas".

> Importa despertar na afetividade o prazer de lidar com o que
> é verdadeiramente belo e bom, a repulsa diante de tudo o que
> é baixo e vulgar. Para tanto, é necessário que mostre o que é
> verdadeiramente belo e bom.

Não tenho o objetivo, nesta obra, de informar sobre o que seria necessário para a elaboração de um *plano de formação* ou uma *praxe* educacional que envolva atividades artísticas e siga uma metodologia de vivências contemplativas e de experiências estéticas.[76] Aqui pretendo demonstrar não uma maneira de elaboração de uma metodologia de formação, mas sim realizar uma análise capaz de evidenciar os motivos que tornam tais métodos dotados de eficiência evidenciada em seus resultados, a partir da filosofia antropológica de Stein, desenvolvida por meio do método fenomenológico.

De acordo com Stein, há uma conexão que se torna evidente entre a atualização das potencialidades e a habitualidade. Assim, oportunizar o hábito da prática de atividades livres e relacionadas ao desenvolvimento pessoal, possibilitando o estímulo de tomada de posição e apreensão de valores, dentro de um contexto que envolva a arte, pode se tornar um convite inescusável para esse resultado, diante do caráter lúdico e prazeroso do fazer artístico:

> A amplitude, a profundidade, a força da alma a conferem
> seu modo de ser, sua *individualidade*, que ademais, ao ser um
> *quale* simples, irredutível a esses componentes, comunica uma
> impressão específica a cada alma concreta e a tudo quanto
> dela procede. Essa estrutura essencial da alma pode ser con-
> siderada como uma forma interna. O que é por ela formado
> são, primeiramente, os atos concretos de sua vida, e ainda,
> devido a conexão existente entre atualidade, potencialidade
> e habitualidade, a configuração habitual que cada alma tenha
> adquirido (empregando o termo em um sentido mais amplo
> que o habitual se poderia dizer: o "caráter"). (Stein, 2020b, p.
> 104-105, tradução própria, grifo do original)

Uma outra dimensão que aflora da formação pelo processo artístico é o desenvolvimento das habilidades do corpo que possam se destinar ao desenvolvimento espiritual:

> Quando o organismo corporal funciona à perfeição, toda a
> vida espiritual se desenvolve sem esforço nem perdas por
> "atrito". O ser espiritual-anímico e a vida se expressam no
> corpo, falam-nos através dele [...]. O corpo não é somente

---

[76] Creio, afinal, que já têm sido aplicadas louváveis metodologias, dentro de uma linha de educação para a formação do ser humano, a exemplo da pedagogia Waldorf ou Montessoriana, bem como terapêuticas, evidenciando a percepção, como a Gestalt terapia, a biodança ou tantas outras terapias holísticas com o envolvimento de meios de arte.

> expressão do espírito, mas também é o instrumento do qual este se vale para atuar e criar. *O pintor, o músico e a maior parte dos artífices dependem da habilidade de suas mãos*, do mesmo modo que para muitas profissões se requer força ou mobilidade de todo o corpo, e para outras um alto grau de desenvolvimento deste ou naquele sentido. (Stein, 2020b, p. 106-107, grifos e tradução próprios)

Assim, sou capaz de dizer que o desenvolvimento de habilidades corporais contribui para que o ser humano possa chegar a se tornar espiritual, e isso só é possível em virtude de uma formação genuinamente *espiritual*: ou seja, "por um lado em virtude de que nele há uma vida espiritual que impulsiona e guia-o voluntariamente ao processo de formação, e por outra parte em virtude de que o espírito utiliza o corpo para fins espirituais" (Stein, 2020b, p. 107, tradução própria).

O corpo deve sua espiritualidade ao fato de que é *expressão* e *instrumento* do *espírito*. A impressão que o espírito expressa no corpo, especialmente em relação ao rosto, corresponde diretamente com a impressão da própria alma, em conformidade com o *caráter*. Isso porque a reiteração de movimentos pontuais e frequentes tem suas raízes nas disposições anímicas, as quais resultam na formação de hábitos: "no corpo reencontramos estas relações mútuas entre disposição inata, atualização e impressão permanente" (Stein, 2020b, p. 107, tradução própria). Nessa peculiaridade, um processo de formação somente pode se realizar por meio da intervenção da própria vontade:

> Pode ser feito, concretamente, de duas maneiras distintas: dominando a expressão ou dominando a vida anímica mesma. Ao passo dos fenômenos puramente anímicos a expressão corporal pode ser submetida ao controle da vontade: a ira ou a alegria podem ser contidas para que não venham a ser expressadas, por mais que não se caiba reprimir as emoções mesmas. A pessoa capaz de dominar desta maneira sua conduta externa recebe uma impressão corporal inteiramente diversa daquela que deixa expressar o seu interior sem limitação alguma: geralmente é caracterizado por um ar impenetrável. (Stein, 2020b, p. 108, tradução própria)

Enquanto a vontade apropria-se a liberdade para dominar a expressão corporal por via do autocontrole, a liberdade, por sua vez, envolve o corpo como um instrumento de expressão, atualização e realização. Em cada passo que dou em direção a um objeto, em cada ação ou finalidade, emprego o corpo na qualidade de instrumento. Mas isso se dá naturalmente, sem intervenção consciente da vontade. Geralmente, meu corpo atrai minha atenção e se converte em objeto de atos voluntários apenas quando noto resistência e obstáculo de sua parte, como ocorre com o cansaço corporal ou com atividades para as quais ainda não foi exercitado (*Cf.* Stein, 2020b).

Por isso, importa o exercitar-se em direção das conexões com os atos volitivos, intencionais e livre.

6.4 Como arte para desvendar-se: o viés da *habitualidade*

A habitualidade é a mãe do caráter, pois possibilita a atualização de características potenciais presentes no núcleo, ao modo como afirma Stein (1989, p. 110, tradução própria):

> [...] as capacidades da alma podem ser cultivadas pelo uso e podem também ser entorpecidas. Posso ser "treinado" pela prática para apreciar obras de arte, e o prazer também pode ser arruinado pela repetição frequente. Mas somente por causa de minha organização psicofísica estou sujeito ao "poder do hábito". Um sujeito puramente espiritual sente um valor e experimenta o nível correlativo de sua natureza nele. Essa emoção não pode se tornar nem mais profunda nem menos profunda. Um valor inacessível a ela permanece assim. Um sujeito espiritual não perde o valor que sente. Tampouco pode um indivíduo psicofísico ser levado pelo hábito a um valor para o qual lhe falta o nível correlativo. Os níveis da pessoa não se "desenvolvem" ou "se deterioram", mas só podem ser expostos ou não no curso do desenvolvimento psíquico.

Como é o núcleo mesmo que dirige a autoformação, mediante atos livres, tem-se que a força necessária para esse movimento deve ser estimulada.

A habitualidade é responsável, ainda, pela evolução da alma psíquica, quando por meio da prática o indivíduo acessa seu conteúdo anímico, adquirindo responsabilidade por suas emoções, a ponto de refletir sobre elas, assumindo o desempenho volitivo de suas reações, a partir de um olhar que desperta dentro de um processo.

Essa evolução psíquica é refletida no corpo, por meio da expressão, e em tudo que se revela a partir de seus atos, melhor qualificando as relações pessoais, organizando e liberando um conteúdo de memória que poderia ser como obstáculo para a abertura, dotando-a de capacidade para assumir uma postura de maior consistência refletida no entorno.

O Ethos presente na atividade artística tem afinidade com valores que se expressam por meio das aptidões pessoais com capacidade para serem despertadas no processo formativo.

Envolvendo a prática de contribuições autoformativas ao homem, as atividades artísticas resultam positivas por favorecerem habitualidade, autocontrole, estímulo do Ethos, afetividade, sensibilidade e criatividades, todos fatores que são inerentes aos processos estéticos.

Assim, compreende-se que, para toda e qualquer formação, é imprescindível o envolvimento da experiência estética, pois tem-se aí, dentro do processo, o que representaria um *protótipo* da liberdade que todo ser humano almeja atingir, em menor escala, mas que pode ser vivenciada em profundidade. Por meio da elaboração de emoções, direcionamento de comoção, apreensão de valores e vivência de sentimentos, promove-se a continuidade de atualização de potencialidades.

7

"ESTAMOS INDO DE VOLTA PRA CASA"

Seguindo os passos de Husserl, Stein se mantém fiel à sua abordagem inovadora contemplada no método fenomenológico, indo além da crítica da razão de Kant, dentro da perspectiva de que em toda percepção há *algo* que é percebido e, portanto, deve ser descrito, ainda que não venha a subsistir. Como pensadora independente, por sua vez, Stein se esforça para garantir a conexão entre *ser* e *consciência*, um trabalho desenvolvido a partir de *Introdução à filosofia* e levado à plenitude em *Ser finito e ser eterno*.[77] Nessa sua obra magna, Stein desenvolve a compreensão de que pelo conhecimento da pessoa livre há uma projeção para além da simples consciência. Disso resulta uma tensão entre, por um lado, uma *consciência* que tende ao solipsismo e, por outro lado, a *pessoa* compreendida em função de um mundo, ou seja, em uma maneira *relacional*.

Encontra-se na introdução de *Ser finito e ser eterno* a compreensão de que a fenomenologia de Husserl é um novo começo histórico, porquanto ultrapassa e substitui o pensamento de Descartes e Kant, traduzindo o encontro da vanguarda filosófica do século XX com a filosofia medieval.

Utilizando-se da *analogia entis* tomasiana, Stein elabora o sentido do ente finito conduzido ao ser eterno. Entre as marcas de referida abordagem, a mais visível é a marca tríplice da unidade *corpo-alma-espírito* na pessoa humana, e lida com uma dupla possibilidade de analogia, para resolver a possibilidade da ascensão do ser finito ao ser eterno.

Um estudo aprofundado e preciso dessa temática da *analogia* pode ser apreciado com alto nível de detalhamento dentro das fontes referenciadas, especialmente no estudo realizado por Savian Filho (2016), Lopes Nunes (2018) e Gerl-Falkovitz (2019), em cuja análise não me alongarei, pois escaparia à especificidade de minha abordagem. Porquanto, quero apenas explanar por sobrevoo o contexto de onde se pode conectar a experiência estética com a autoformação no âmbito da trajetória individual e pessoal rumo ao ser eterno ou a uma unidade.

---

[77] *Cf.* Gerl-Falkovitz, 2019, p. 17.

Por ora importa dizer que o conceito de pessoa desenvolvido por Stein desde o termo inicial, ainda que elaborado no sentido de evidenciar a singularidade única do indivíduo em seu ser, destaca seu âmbito relacional como parte de sua natureza e requer seu desempenho mediante a abertura intersubjetiva, como já afirmei, para chegar à plena constituição da pessoa.

Portanto, resta claro que precipuamente o ser singular desenvolve-se de maneira relacional.

Stein estava envolvida menos pelo interesse em estabelecer as características comuns entre os indivíduos de uma espécie e muito mais por fazer notar a marca individual e singular de cada ser humano, que se aperfeiçoa e realiza na relação única e pessoal que cada indivíduo é chamado a descobrir e a desenvolver, como uma resposta a um impulso íntimo, também pessoal e único.

É na interioridade mais íntima do ser humano que encontramos, em seu núcleo, a alma da alma, na qual está refletida a imagem da eternidade divina, que se assemelha e dialoga com sua essência personalíssima, capaz de irradiar por sua totalidade individual. Porquanto, os três elementos, "corpo, alma e espírito", vinculam-se dentro de uma integralidade pessoal, não sendo possível que sejam concebidos isoladamente, porque sua interação constitui a corporalidade do indivíduo.

Ao desenvolver um conceito de alma capaz de contemplar o ser humano em sua integralidade, estabelecida por meio de uma alma tripartida, compatível com os graus de consciência do ser humano, Stein possibilita enxergar o eu como um ponto móvel que se movimenta pelos caminhos interiores ou pelos próprios estratos da alma.

Saindo de uma *alma sensitiva*, que atua na corporeidade do homem e de outros animais, pois estabelece-se na sensibilidade perceptiva, passa por uma *alma espiritual*, em que o sujeito alcança-se livre em um processo de despertar, até chegar a uma *alma própria*, entregue ao reconhecimento das próprias limitações, em que encontra a paz. É nessa interioridade mais íntima, chamada por Stein de *alma da* alma, que a imagem de Deus está refletida de modo particular, enquanto formadora de toda a pessoa. A alma reproduz, nesse âmbito, a imagem de Deus de uma maneira pessoal.

Em Stein, tenho que o caminho de ascensão ao sentido do ser desenvolve-se, por um lado, pela constituição finita e temporal da consciência e, por outro lado, pela natureza transcendental que vai além de si, sendo necessário o alcance da compreensão por parte de um ser finito que é abraçado e mantido por um ser que é além da finitude, de caráter atemporal e eterno:

> A autora interpreta então a analogia como relação entre duas pessoas. Uma vez que o *Ente Primeiro é uma pessoa*, e que também o conhecimento mais evidente que tenho de mim mesmo é a evidência de "eu sou", então a analogia é concebida entre o *"eu sou"* humano e o *"Eu sou"* divino, nome com o qual Deus se designou a si mesmo. A autora passa da "analogia do ente", a uma "analogia temporal" e desta a uma "analogia da pessoa". Para efetuar tal passagem, serviu-se das análises fenomenológicas e da discussão com a ontologia heideggeriana e medieval, nomeadamente tomista. No entanto, para alcançar o sentido do ser, como um ser pessoal, Stein propõe a categoria do encontro. (Lopes Nunes, 2022, p. 11, grifo do original)

Stein destaca que a dessemelhança entre Criador e criatura é maior que a semelhança. Não obstante, o *"eu sou"* entrega o elemento fundamental que permite falar de ambos, "sem utilizar uma linguagem nem em sentido unívoco, nem equívoco". Uma diferença fundamental entre o "eu sou" humano e divino, é que no "Eu sou" de Deus, sua vida e seu ser têm sua plenitude em si mesmo. Por outro lado, o "eu sou" humano experimenta sua finitude, seu ser é um ser recebido, de maneira que o sentido do ser finito é algo dotado de dinamismo: sua essência, enquanto se realiza no tempo, apresenta um elemento estável e outro dinâmico. Isso aponta para uma perfeição em contínuo desenvolvimento.[78]

7.1 Dos "muros do castelo" ao "sentir-se em casa"

Posso considerar a alma como um "espaço" que se estabelece na integralidade de um todo corporal-anímico-espiritual, que Stein distingue em *alma sensível*, que habita o corpo vivo, e *alma espiritual*, que transcende para além de si mesma e olha um mundo situado além de seu próprio eu (coisas, pessoas, acontecimentos), com os quais entra em relação, por meio da experiência. Além dessas duas distinções, há, ainda, a *alma própria*, por meio da qual a alma "habita em si mesma, e nela, o eu pessoal está como em sua própria casa" (Stein, 2019b, p. 396).

---

[78] *Cf.* Lopes Nunes, 2020, p. 10.

Assim, esse espaço da alma, em que o eu pode se deslocar, somente pode o fazer com liberdade quando toma consciência de todas as suas dimensões. Com efeito, quando o eu acessa sua interioridade mais profunda, ou seja, a alma da alma, ou o núcleo d'*O Castelo Interior*, apesar de não se fixar nesse ponto de maneira permanente, reconhece a sensação e a paz de encontrar-se nele. E essa sensação é trazida à memória quando, porventura, volta-se às periferias, ouvindo mais nitidamente a voz da consciência.

Os símbolos são uma necessidade humana, considerando que nenhuma língua é capaz de comunicar pelos signos tudo aquilo que é dotado de sentido. Por isso, necessárias são as parábolas, as metáforas, as obras de arte, que ampliam nosso campo de percepção, que comunicam por meio de uma linguagem percebida de maneira intuitiva e sensível, que é anterior a qualquer reflexão. Em razão disso a imagem d'*O Castelo Interior* é tão valiosa para Stein, a ponto de levá-la a iniciar um movimento de conversão, pois foi capaz de estabelecer uma comunicação diretamente com sua essência, despertando-lhe valores dos quais não tinha consciência. "Uma verdadeira *obra de arte*" é expressão utilizada por Stein para se referir ao estudo de Santa Teresa, pois apresentou-lhe uma verdade além das palavras e dos sentidos das palavras contemplados na obra em si.

E essa imagem mostra-se perfeitamente compatível com o conceito de um eu anímico que se movimenta por um "espaço" que é habitado por sua alma. O eu é capaz de caminhar pelos cômodos, de conhecê-los e de acessá-los, de chegar ao mais íntimo de seu interior. E nesse núcleo mais íntimo, o eu pessoal percebe-se em casa.

> Quando o eu vive no fundo do seu ser, onde ele está totalmente como em sua casa e a ela pertence, ele reconhece, então, algo do sentido do seu ser, experimenta a sua força concentrada nesse ponto [...]. E se vive dessa interioridade, então vive uma vida *plena* e alcança o cume do seu ser. Os elementos recebidos do exterior e que entram até aqui permanecem não só posse a título de lembranças, mas transformam-se em "carne e sangue". (Stein, 2019b, p. 454-455, grifo do original)

Nesse trecho, revela-se aquilo a que já me referi como sendo "o grau mais elevado que o ser humano pode almejar", pois, já nesse ponto, encontrará a habilidade de atualização de suas potencialidades, e tudo o que lhe chega a partir do mundo exterior estará a serviço dessa atualização. O eu valorará os estímulos, irá ao encontro, ou ao rechaço a partir de suas vocações conscientes e de um estado de ânimo, trará o resultado desse processo como resposta.

Terá aprendido a *andar de bicicleta*, diante das circunstâncias adversas da vida, sabendo que é dotado de aptidões oriundas da própria interioridade e de seu aperfeiçoamento para superar os desafios e desenvolver-se a partir deles, resultando em um crescimento pessoal.

Mas esse local onde se pode ancorar o eu não é um ponto permanente no qual a pessoa pode passar toda a vida. Olhando em uma perspectiva individual, não é um ponto de estar dentro da alma de maneira inerte. A paz não torna o homem inerte e as experiências o estimulam a dar respostas de maneira mais eficaz às circunstâncias muitas vezes desafiadoras. E nem sempre essas respostas são um algo que possa desvincular-se de esferas mais periféricas da alma, principalmente diante de ameaças, abusos ou perigo. O que se almeja é encontrar a liberdade compatível com o que possui o olhar desperto, que seja capaz de retornar oportunamente a esse ponto mais íntimo, em que alcança o silêncio interior.

Posso dizer que esse retorno a casa, tomando como metáfora o dia a dia de qualquer pessoa, é mais como um retorno à sacralidade do lar após um dia cansativo e desafiador de afazeres seculares, ao invés de uma suposta estagnação de ânimo.

Esse ponto da alma em que me encontro "em casa" é tanto o local de onde irradia a essência quanto a parcela da alma que subsiste à finitude do corpo, por ser o nível menos denso da alma ou o "mais espiritual", capaz de transcender às limitações da corporalidade e chegar a um conhecer além das próprias capacidades finitas:

> A interioridade mais profunda da alma é o "mais espiritual" nela. Ainda que as impressões transmitidas pelos sentidos cheguem até aí, e ainda que aquilo, que aqui acontece, atue para a formação do corpo vivo, trata-se, no entanto, de um ser separável de toda sensibilidade e de toda corporeidade. (Stein, 2019b, p. 457)

É por meio da *analogia entis* que a relação do "eu sou" divino com a diversidade do ente finito se faz mais originária, e exige uma contraposição entre o ser eterno e o ser finito, chegando-se a uma aplicação de um sentido de unidade que é viável dentro dessa contraposição, a partir de uma semelhança:

> Como se pode, então, afirmar que todo ser é *uno* e que todo ser finito participa do uno? Essa proposição se justifica no sentido de que não há nada que tenha sido originado por Deus que não estivesse prefigurado nEle, e que não se conserve no

> ser por meio dEle. A autonomia do que é criado não é nem comparável à da imagem em relação com o modelo ou da obra em relação com o artista. É, antes, a relação da imagem quebrada com o objeto refletido ou do raio refletido com a luz não quebrada que pode servir de termo de comparação. Mas tais imagens continuam sendo imperfeitas por designarem algo sem equivalente. (Stein, 2019b, p. 369, grifo do original)

O que é criado reflete somente um "raio quebrado" do perfeito Criador, ou seja, somente uma "imagem parcial". E, assim como Deus é um ser Trinitário, que vive a plenitude da vida a partir de uma relação de amor, o ser humano só realiza a plenitude de sua essência vivendo uma relação de amor. Esse amor, que se dirige para a vida, para a energia da criação, para o Criador, encontra sentido em relação ao próximo.

Aqui encontro a aplicabilidade do princípio que, ainda que seja rotulado como bíblico, é antes universal, do "amarás teu próximo como a ti mesmo", a ser desempenhado sem moderação, quanto mais eu possa me encontrar dentro da "casa", nessa alma mais íntima e espiritual e, pelo gesto, estimular cada vez mais esse modo de amar.

Não um amar que se dirija a um certo "próximo", como sendo aquele que eu determino como "próximo" supostamente porque com ele me afino ou o compreendo, ou com quem eu tenha agido mal, provocado ressentimento ou magoado, e deseje, por fim, uma reparação. Ou um "próximo" que eu escolho por ser um alguém de quem eu sutilmente espero recompensa. Não ao próximo que elejo por qualquer critério, inclusive, de julgamento ou crítica. Mas, como me diz Stein (2019b, p. 462, grifo meu), *o 'próximo' não é aquele com quem 'simpatizo'. É todo homem que se aproxima de mim, sem exceção. E, de novo, diz-se: tu podes, porque deves*".

E "podes, porque deves", porquanto é o amor que deve ser o guia, pois é no ato de amor a qualquer que seja o próximo, que me busca e me pede ajuda, onde alcanço a unidade com o *ser eterno*, pois é o amor que é refletido em mim. E posso ser livre para agir conscientemente, ainda que seja por um ato de amor direcionado a um próximo que eu não compreenda ou concorde. Nessa liberdade, o meu eu pode retornar a casa, onde encontra um novo amanhecer, percebendo que o sol brilha, também, por meio desse amor que brota de mim. Ainda que seja um amor imperfeito, nasce de um eu cuja imagem é arquétipo divino, sendo, portanto, capaz de comunicar, como um símbolo, o amor pleno, do *ato puro* que é o eterno. E nessa entrega de amor, que vai além do próprio ato de amar, encontro a união com o amor eterno:

> O amor é, segundo seu último sentido, a entrega do próprio ser e a união com o amado. O que cumpre a vontade de Deus aprende a conhecer o espírito divino, a vida divina, o amor divino; e tudo isso não é outra coisa senão o próprio Deus. Pois, ao executar, com a entrega mais profunda o que Deus exige dele, a vida divina se faz *sua* vida interior: encontra a Deus em si, quando entra em si. (Stein, 2019b, p. 463)

Portanto, é no amor que encontro a verdade, guardada em minha mais profunda interioridade, em minha casa, onde habita não o próprio ser eterno, mas sua luz que ilumina e é em mim refletida, e em tudo aquilo que eu venha a expressar. É o amor que me faz unidade. Unidade com o próximo, unidade com o próprio ser eterno. A unidade se resolve no amor.

7.2 Como arte para desvendar-se: o viés da *unidade*

Quando em sua autobiografia minha filósofa relata a vivência sensível a partir do contato com a obra musical de Bach, ela me fornece um exemplo real de uma abertura à interioridade por meio da experiência vinculada à sensação:

> Tinha uma predileção especial por Bach. Um mundo de pureza e de rigoroso respeito às regras tocava o âmago de meu coração. Quando, mais tarde, aprendi a apreciar o canto gregoriano, eu me reencontrei novamente e, a partir de então, passei a compreender o que tanto me tinha atraído em Bach. (Stein, 2018, p. 208)

Essa experiência desperta no âmbito individual de Stein uma "força pessoal, patrimônio singular que continuou a incidir na formação de sua própria pessoa" (Mahfoud, 2021, p. 160). Existiu, na referida vivência, a apreensão de uma *força espiritual*, que se integrou à força pessoal da jovem filósofa, ou seja, ocorreu uma comunicabilidade afetiva oriunda da obra de arte.

Quando me coloco diante de um objeto de arte capaz de me causar semelhante impacto, seja ele material (como uma escultura, uma pintura, uma apresentação teatral) ou imaterial (como uma música, um poema ou outra obra literária), eu sou induzida à abertura à interioridade. Nesse movimento espiritual, o eu puro psicofísico concebe-se como um eu anímico espiritual que adentra a si mesmo e toma consciência de suas profundezas.

O efeito causado pelo "espanto" ou "admiração" que me toma como que por assalto pela fruição da obra de arte é aquele mesmo que dizia Aristóteles ser a gênese da filosofia, o *thaumazein*. Ora, temos essa perfeita ambivalência representada por meio da *Odisseia* homérica, a tratar do "retorno à casa", que é tanto uma *obra de arte* quanto uma das mais antigas evidências do filosofar humano.

A partir do caráter simbólico que possui toda obra de arte, mesmo inconscientemente, torna possível ser gerado efeito no indivíduo psicofísico, como sementes ainda que os frutos só venham a ser evidenciados no futuro, pelo consequente prolongamento dos efeitos, como ocorreu com Stein no exemplo narrado e como ocorre com cada um de nós, quando tocados por uma obra artística.

No trecho percebo a interioridade como centro das vivências sensoriais de caráter pessoal, evidenciadas ao atuarem desde a reação à fonte emotiva e também na prolongação de seus reflexos. Isso se equipara ao que ocorre no processo de formação pessoal pautado no desvelamento da singularidade. As *tomadas de posição,* como movimentos da alma, assumem uma maior peculiaridade e adquirem a direção de liberdade quando estão ancoradas do núcleo da alma.

Ao ouvir uma música, a pessoa se dá conta de certas reações que emergem de si mesma a partir da obra desempenhada. É na *ancoragem da alma,* posicionando o eu na consciência dessas reações sobre si mesmo e sobre a obra, que, na *tomada de posição,* essa atualização se manifesta e se consolida. De acordo com Mahfoud (2021, p. 161-162, grifos do original):

> Há a possibilidade de a pessoa tomar posição de modo a estar mais com seu eu presente em suas próprias vivências. Mas a pessoa pode também tomar posição no mundo com livre e forte presença do eu no ato, a ponto de colocar seu eu mesmo no mundo, chegando inclusive a "doar a si mesmo" na vívida experiência. Neste caso, trata-se de tomada de posição na própria experiência ancorada no centro pessoal de tal forma que o eu livremente doa a si mesmo a outro ou outros. Tal ancoragem profunda que permite à pessoa voltar-se ao outro como plenitude de liberdade e de presença de si mesma no gesto. Tal realização pessoal nessa ancoragem se manifesta com *quietude e recolhimento* simultâneos à *abertura* livre e radical de sua própria pessoa, a ponto de seu eu se doar ao outro ou ao mundo social.

É nesse movimento de tomada de posição que experimento a sensação de me "sentir em casa", como a alma que abraça a alma e reconhece a si mesma em seus níveis de gradação. É nessa ancoragem mais profunda e íntima, em que a pessoa assume-se como "dona de casa", que pode ter a consciência de seu processo pessoal e contínuo de formação, sendo capaz de dar-se de si ao mundo e "modula o mundo de modo não alienado" (Mahfoud, 2021, p. 161-162).

A alma humana requer ser dada à consciência. Tomar consciência da alma possibilita ao eu estar ciente de possuir um centro interior para o qual converge sensivelmente tudo o que provém do exterior e de onde emerge tudo o que no corpo aparece como proveniente do interior. É a alma humana aquela mesma a possibilitar a liberdade para abrir-se à própria interioridade. "Todo recurso do núcleo, a abertura da pessoa humana não se refere apenas a novas experiências, mas inclusive à abertura a si própria, à sua interioridade, que coloca em foco o próprio eu em ato" (Mahfoud, 2021, p. 165).

Quando a pessoa se abre à própria interioridade, experiencia a si mesma, percebe-se em seu próprio lugar de silêncio e encontra-se em casa consigo mesma, em quietude. "Não é o campo em que me esforço para silenciar, mas é onde finalmente me calo" (Mahfoud, 2021, p. 165).

> Em mim, ou melhor, "dentro de minha alma". Minha alma tem extensão e altura, pode ser preenchida por algo, há coisas que podem penetrar nela. Nela estou em casa, de uma maneira bem distinta a como estou em casa em meu próprio corpo. Nele eu não posso estar em casa. Com efeito, o eu mesmo, tanto quanto se conceba como "eu puro", não pode estar em casa de modo algum. Somente um *eu anímico* pode estar em casa, e dele pode-se dizer também que está em casa quando está em si mesmo. (Stein, 2020b, p. 103)

Tenho, assim, que uma singela experiência estética musical é capaz de me trazer a consciência de minha profundidade, experimentando esse pedaço meu do ser. E a linha de chegada desse caminho interior é o ponto de partida.

> A vivência marcante da jovem Stein ao ouvir a música de Bach, não resultou em conformação de sua pessoa a Bach; favoreceu que ela se tornasse mais de si mesma [...]. O processo se deu pela atualização de suas potências da alma (Mahfoud, 2021, p. 163-164).

O núcleo pessoal, como centro constitutivo que consolida em unidade as dimensões da pessoa, assina com o *quale* cada vivência do indivíduo no decorrer de seu percurso de vida e formação. Ademais, o núcleo possibilita que as mudanças se tornem estruturantes de um caráter pessoal, enquanto constitutivos do eu. Durante o percurso da vida, reitero, é a alma da alma que possibilita que o eu se torne mais de si mesmo. Stein (2015, p. 120) aponta a ancoragem no centro pessoal como sendo a ancoragem no alto, onde temos o encontro com a liberdade:

> A vida da alma que não é impingida de fora, mas é guiada do alto. O alto é igualmente o de dentro. Pois ser elevado ao reino do sublime significa para a alma ser entronizada totalmente em si mesma. E ao contrário: não poderá tomar pé firme em si, sem ser elevada acima de si - ou seja, no reino do sublime. Na medida em que se recolhe em si e se enraíza no elevado, ela é acolhida e retirada das impressões do mundo e deixa de ficar exposta sem defesa. Justo isso qualificamos como "liberto".

A partir da ancoragem da alma guiada do alto, o acolhimento do mundo se dá, assim como ocorre com o sujeito ingênuo-natural, por meio do espírito. Contudo a alma, liberta, não mais reage às impressões do mundo sem que esteja vinculada à própria liberdade, pois se submete ao divino, posicionando-se a partir de essência, imprimindo sua peculiaridade, que provém do alto em todas as suas vivências e escolhas:

> O sujeito anímico liberto, assim como o ingênuo-natural, acolhe o mundo com o espírito. Também recebe as impressões do mundo em sua alma. Mas a alma não é movida diretamente por essas impressões. Ela as acolhe a partir daquele centro com o qual está ancorada no sublime; seus posicionamentos partem desse centro e são prescritos de cima. (Stein, 2015, p. 120)

É quando experiencio a abertura à interioridade, com a ancoragem no reino do alto, a partir de minha finitude, que encontro um grande tesouro, o reconhecimento daquele ser infinito que habita no profundo de mim mesma, e é essa a descoberta da *verdade*:

> No interior do homem habita a "verdade": essa verdade não é o simples fato da própria existência em sua finitude [...]. *Essa* é a verdade que se encontra quando se chega até o fundo do próprio interior. Quando a alma se conhece a si mesma, reconhece a Deus dentro dela. (Stein, 2020b, p. 13-14, tradução própria, grifo do original)

Essa consciência a que se chega por meio da abertura à interioridade só pode ser plena quando é parte de um contexto de relações de trocas intersubjetivas, pois não é possível o pleno desenvolvimento e desenrolar da essência de si mesmo sem a abertura à intersubjetividade como via de acesso à própria liberdade. Stein (2022, p. 236, grifo meu) nos diz que: *"o despertar do indivíduo para a liberdade somente é possível em comunidade, e não no ser humano isolado"*.

Percebo que, teoricamente, essa necessidade não deveria ser tomada por princípio, já que, contemplada como parte da natureza do ser humano, seria o bastante "a cada um recolher-se em si mesmo para apropriar-se da liberdade que está em si, à espera de ser acionada" (Stein, 2022, p. 236).

Contudo, na prática, essa acessibilidade interior requer a troca inter-subjetiva que ocorre em comunidade, pois é necessária para que possa ser dada à consciência individualmente, chegando-se ao olhar desperto:

> Porque isso só é possível em presença de pessoas livres, e não, eventualmente, em relação com materiais inertes: eis algo que não pode ser explicado racionalmente, mesmo se o fato é indubitável. Assim, a comunidade é necessária para que o indivíduo possa *despertar para a liberdade*. (Stein, 2022, p. 236, grifo meu)

Retorno à questão maior, que é a necessidade de cada pessoa individual, tomando posição em seu núcleo de liberdade, conduzindo-se em seu processo de desdobramento e desenvolvimento de seu núcleo por meio de atos livres, possa trazer ao mundo sua marca pessoal, sendo um construtor e transformador do próprio mundo:

> Cada membro da comunidade de povo precisa trazer a marca de seu pertencimento a ela: se não o faz pela consciência do pertencimento, deve fazê-lo, ao menos, pela representação do *tipo* de povo [...]: só se pode tomar uma comunidade por uma *comunidade de povo*, com a amplitude e configuração de um povo, se e enquanto comunidade animar, com seu espírito, uma *cultura* própria que exprime alguma especificidade. Cada cultura, isto é, cada cosmo de bens espirituais (quer sejam objetos autônomos, como obras de arte e de ciência, quer sejam formas de vida estilizadas e expressas na vida atual das pessoas) ou um cosmo homogêneo e diferenciado em relação a outros, remete a um centro espiritual ao qual deve sua origem; e esse centro é uma comunidade criadora, cuja característica anímica atua e se reflete em suas produções. (Stein, 2022, p. 68, grifo do original)

Aqui Stein retoma a ênfase no caráter da toda obra de arte, como bens espirituais que recobrem todas *as formações culturais*, apontando para um espírito comunitário que as anima. A comunidade é o centro espiritual que dá origem às criações artísticas e todas as que sejam um reflexo de um povo. Isso é um reflexo de uma unidade de nexo que interliga tudo o que se possa chamar de espírito objetivo.

Quando desperto para essa inteligência que mobiliza todas as coisas, nada se apresentará como "fortuito", nada será "obra do azar", pois encontrarei o "inteligível" e dotado de sentido a partir da minha própria vida:

> Na linguagem corrente, distingue-se, por um lado: "o que se fez de propósito" – o que equivale também ao que se tem um "sentido", o que é "inteligível!" – e por outro lado, o "fortuito", o que em si parece sem sentido e incompreensível. Eu me proponho a fazer uns estudos e com este fim seleciono uma universidade que responda à minha especialidade. Isso é um nexo pleno de sentido e compreensível; o fato de conhecer "por casualidade", nesta cidade um homem que faz ali igualmente seus estudos e estabelecer conversação com ele um dia, por casualidade, a propósito de questões sobre a concepção do mundo, isso não me parece em primeiro lugar um nexo compreensível. Mas, quando eu repenso minha vida depois de anos, então, eu compreendo que essa conversação foi de uma importância capital para mim, talvez "mais essencial" que todos os meus estudos, e concebo o pensamento que "tinha que ir" àquela cidade, talvez "expressamente para isso". O que não estava em *meu* plano se encontrava no plano de Deus. (Stein, 2019b, p. 142, grifo do original)

Dentro da filosofia de Stein, há a compreensão de uma inteligência superior que recai sobre tudo o que há: um movimento único que dialoga com cada um, que me abre os olhos e os ouvidos para o sentido de que não estou sozinha.

Enquanto caminho por minha interioridade anímica, posicionando o eu na alma emocional, tenho sentida a solidão anímica. Meu conhecimento acerca de mim mesma será muito limitado e dificultoso, como se eu andasse por um campo de areia movediça. A abertura intersubjetiva, a partir da troca com outros seres humanos, revela-me mais de mim mesma: "vemo-nos a nós mesmos espiritualmente 'em imagem', quando nossa própria essência nos sai ao encontro de outros homens" (Stein, 2019b, p. 370).

Nesse sentido, sobressai a necessidade de que cada um se tome parte de uma unidade, não no âmbito individual, mas no âmbito da coletividade, que possa sair de um "eu sou" para um "nós somos", e isso se resolve por meio da unidade que há no amor.

Por maior que seja a distância entre o homem finito e Deus, o amor é a chave que revela a unidade, que a ele me une pela semelhança da virtude, ainda que minha virtude seja imperfeita e limitada. Contudo, será por meio dela que eu poderei reconhecer uma virtude plena e perfeita:

> O nós enquanto unidade constituída pelo eu e pelo tu é uma unidade superior à do eu. É, em seu sentido mais perfeito, uma unidade do amor. O amor, enquanto adesão a um bem, é igualmente possível enquanto amor a si mesmo. Mas o amor é mais que tal adesão, que tal "apreciação de valor". É entrega de si mesmo a um tu, e ser um em sua perfeição com base na mútua entrega de si. Visto que Deus é o amor, o ser divino deve ser o ser-uno de uma pluralidade de pessoas, e seu nome "eu sou" equivale a "eu me dou inteiramente a um tu" e portanto, também com um "nós somos". (Stein, 2019b, p. 372)

E para esse conhecimento, é necessária a consideração de uma pluralidade de pessoas, um amor que se compartilha em unidade: "Se o amor, em sua realização mais elevada, é entrega recíproca e união, então, para isso, é necessária uma pluralidade de pessoas" (Stein, 2019b, p. 472).

Portanto, é na alma mais profunda que eu me percebo em casa e também parte de um todo. Quando o homem está consciente dessa "casa" para a qual pode retornar "após um dia de trabalho e de desafios, para contemplar essa paz", estará desperto para exercer sua liberdade. Mas se a permanência for efêmera, não habilita o desenvolvimento das forças formativas que irradiam a essência ao exterior:

> O que só ocasionalmente volta à profundidade da alma, para logo de novo permanecer na superfície, nele a profundidade fica sem ser desenvolvida e não pode de nenhuma maneira desdobrar sua força formante para as camadas situadas mais no exterior. (Stein, 2019b, p. 457)

7.3 A analogia do Sol perene

Aqui trago uma analogia que busca ilustrar essa compreensão que demonstra a necessidade de uma unidade que se estende para além da constituição individual, pois resulta na compreensão da realidade como se apresenta, chegando a um modo mais completo, evitando distorções.

Cada indivíduo enxerga o mundo como um recorte que se revela pela compreensão cognitiva das próprias experiências. Isso é o que ocorre com todo o ser vivente. A questão é entender que esse "recorte" não se confunde com a própria realidade, e não se pode torná-lo imprecisamente como uma completa "verdade". Stein sublinha que a verdade é uma só, mas que eu a percebo parcialmente, pois o olhar individual não enxerga todos os lados de um objeto e precisa ir somando os resultados de sua compreensão perceptiva parcial para ampliar o que é capaz de compreender, alcançando melhor a totalidade.

A percepção individual, portanto, tomada isoladamente, leva-me ao equívoco em relação à compreensão do mundo da realidade, pois tem-se uma compreensão parcial e fragmentada do mundo que se revela, como um recorte cognitivo da realidade.

Posso imaginar que um indivíduo isolado, em um certo ponto da Terra, observará o Sol como um elemento intermitente, cuja luz se esgota a cada amanhecer.

Em outra situação, somando-se a compreensão perceptiva de todos os indivíduos que habitam o planeta, poder-se-á constatar que a luz solar banha a Terra 24 horas por dia e sete dias durante a semana, em algum ponto, de maneira que se compreenderá a natureza perene do Sol como resultado de uma ampliação perceptiva da realidade.

Existe uma conexão harmoniosa que une o todo, que se revela no mundo natural e me serve como metáfora para o entendimento de minha estrutura e de minha participação em um elo dentro da comunidade. Quanto mais eu chegar à compreensão que é experienciada por esse *todo harmônico* mediante uma *percepção ampliada* como o somatório de percepções individuais do fenômeno a ser descrito, menos a realidade estará borrada. Deve-se considerar como *todo harmônico* o caráter coletivo da percepção, inclusive, dos grupos minorizados. Ou seja, o somatório das percepções individuais imprescindível e capaz de abarcar uma compreensão do mundo de maneira mais acertada: "*Nossa experiência nos mostra as coisas como unidades fechadas e separadas em si umas das outras; entretanto, têm entre si relações de dependência recíproca que nos conduzem ao pensamento do geral nexo causal de todas as coisas reais*" (Stein, 2019b, p. 141, grifo meu).

A analogia do *Sol perene* tem aplicabilidade também na compreensão voltada para a alma humana e à percepção da obra de arte.

Dentro da alma humana, posso supor que há também um eu que, sobre um globo, é movido em torno de um Sol, o qual está presente em minha mais profunda interioridade, a alma própria (alma da alma). Esse Sol interior possui uma luz ininterrupta. Dependendo do posicionamento desse eu móvel, há a possibilidade de não encontrar esse "amanhecer", inclusive desperdiçando essa possibilidade. Quando o encontra, no entanto, dela passa a ter experiência e memória do que experienciou. Dependendo do posicionamento desse eu em relação ao Sol interior, essa luz pode se mostrar fraca, ou mesmo imperceptível. Haverá momentos de obscuridade, ainda que haja fé.

Posso conceber que, por um lado, o eu é capaz também de se mover por sobre esse "globo" interior e móvel, que o conduz. Isso equivale a percorrer pelos caminhos da alma, indo e vindo do núcleo às periferias, quanto a própria alma, dentro do "espaço" no qual está compreendida na corporeidade humana. Por sua vez, esse "globo", ou "planeta" interior pode ser concebido como a alma anímica que gira em torno de si mesma (um microcosmo correspondente ao macrocosmo), para levar o eu (posicionado sobre ela, também com mobilidade) a experienciar as noites escuras como uma forma de ampliação do repertório para sua evolução, pois a alma conhece as necessidades de desafios para despertar vocações adormecidas. Somente durante a noite escura poder-se-á conhecer a luz prateada da Lua, o brilho das estrelas, os outros planetas e, em tudo, saberá que não está sozinho, antes mesmo de experimentar um novo amanhecer interior. Mesmo durante a noite, posso encontrar a paz, desde que dela já se possua experiência e memória, despertando o brilho de mim mesma.

Nessa *cosmologia da interioridade*, posso idealizar esse recorte de universo dentro de mim mesma. O ponto individual "eu" é uma representação do *eu móvel*, que possui sensibilidade, ou seja, que é nutrido pela *alma sensível* e que dela não se desvincula, que se posiciona sobre o "globo". Esse "globo", que também se movimenta e que é o suporte para o eu, representa a *alma espiritual*, que se movimenta em torno do ponto luminoso central, tanto atraída quanto distante dele. Esse luminoso central, à imagem do "*Sol perene interior*", não é idêntico ao Sol do ser eterno, mas dele recebe e reflete a luz capaz de iluminar e de gerar calor, representando o centro da alma, a *alma própria* que pode sobressair ao corpo, unindo sua luz à luz do outro e *encontrando* a luz eterna. Dependendo em que posição o "homem" esteja situado sobre o "globo", receberá a luz de maneira distinta, podendo, até mesmo, não a enxergar em certos momentos de *noite escura*.

O *Sol perene interior* não é o Sol mesmo, luminoso, pois não é capaz de gerar a luz. Mas é como um astro iluminado, que reflete a luz solar, como a alma humana própria é capaz de refletir a luz divina, em uma semelhança, dentro da dessemelhança. Quando, por circunstâncias externas, a luz do Sol interior se torna opaca, ocorre o que Stein chama de "embotamento", como uma camada de nuvens que não permite perceber o brilho que emana dessa interioridade. Mas, ainda nessas situações, a luz permanece perene.

Agora vou elaborar um entendimento para a analogia do Sol perene em relação à percepção pessoal do objeto em função do *dizer da obra de arte*.

A percepção individual sobre o objeto da arte é também parcial, pois resulta de uma visão de mundo particular, limitada, fragmentada. Tenho uma percepção limitada porque sou, eu mesma, também limitada. E a percepção não é uma aptidão que é da mesma forma para todo o ser humano, pois, assim como o caráter e a psique, é algo que se desenvolve por meio da habitualidade.

Desse modo, a obra de arte é no mundo real, assim como o *Sol perene*, um objeto que é por si mesmo um algo além do que se percebe por meio do olhar individual. O somatório de percepções, ou seja, a *percepção ampliada*, vai me revelando o dizer da obra de arte de maneira tanto progressiva quanto variante.

Por exemplo, as *pinturas rupestres* gravadas na caverna, mais antiga representação artística do homem (40.000 a.C.), conduzem a uma percepção hodierna evidentemente distinta daquela experienciada perceptivamente por seus autores e por seus contemporâneos. Do mesmo modo, a obra de Goethe, intitulada *Afinidades eletivas* (1809), foi tida como "escandalosa" na época de sua publicação, simplesmente por tratar de um assunto polêmico para o período, o "divórcio", tema que atualmente não possui qualquer vínculo com o sentido de "imoralidade". Hoje, é a percepção da qualidade estética de Goethe que se sobressai ao enredo, sem qualquer vestígio do escândalo considerado à época.

Assim, posso dizer que a compreensão da obra de arte está em *devir* e que apenas na unidade de uma coletividade encontro uma compreensão a partir de uma *percepção integral* e mais eficaz do que a obra de arte é capaz de comunicar ou dizer, e esse domínio escapa, até mesmo, à percepção individual do autor. O que a coisa artística diz a uma pessoa, diz parcialmente[79].

---

[79] Quanto maior a capacidade perceptiva, mais o dizer da obra de arte será revelado. Assim, uma capacidade perceptiva menor pode deixar o indivíduo mais vulnerável ao contágio psíquico que pode lhe exercer a obra de

E apenas a unidade de todos os *dizeres da obra de arte*, inclusive tirados do decorrer de vivências pelos contínuos períodos históricos, possibilitaria a compreensão de seu sentido completo.

Toda a humanidade ou, em outras palavras, todos os seres finitos possuem um nexo que os une, já que, pela sua natureza também espiritual, cada ser é humano singular e único e possui como destinação uma vida em sociedade que se amplia para além das limitações do espaço, do tempo e da própria existência. Essa visualização é de extrema relevância quando me coloco atenta ao fato de que somente por meio de uma abertura intersubjetiva eu encontro a verdade de mim mesma (a luz do Sol perene interior), equivalente à verdade que há no outro, pois a verdade é uma só. Mas a verdade, sendo uma só, revela-se gradualmente, quanto mais eu possa aprofundar meus níveis de percepção em direção a ela. E quanto mais eu me perceba como parte de um todo, em uma unidade formada de partes singulares, mais eu alcançarei a visão de uma parcela maior dessa única verdade.

Assim, tem-se a *unidade* representada pelo todo harmônico que é nexo entre pessoas singulares, que se assumem como um povo dentro da comunidade, movendo-se, desta forma, como um *ser histórico-cultural,* que vai além da efemeridade individual, ou seja, que se perpetua no tempo e conta uma única história, que é essencialmente o somatório das histórias individuais no curso do tempo, e estrutura-se como uma história da humanidade.

Afinal, desde a primeira mão gravada na parede da caverna, a arte é um meio de registrar essa unidade da espécie humana, que se prolonga no percurso do tempo além da sua finitude e liga cada um de nós, geração a geração, a apontar para um plano eterno.

---

arte em si mesma e, ainda, ao contágio psíquico de emoções motivadas pelos reflexos da obra de arte em um grupo, à maneira da empatia co-originária.

CONCLUSÃO

O trabalho nasceu das mãos de uma artista. Justamente por isso representa, como resultado do estudo, uma imagem equivalente a uma pintura, que brotou da tela em branco. Enquanto mobilizada por um impulso inigualável de minha própria interioridade que atraía a *ideia*, lancei mão de palavras e conceitos que encontrei como se fossem tintas, de cores diversas e iluminadas, aplicadas ao texto como que por meio de pincéis, de diferentes espessuras, resultando em pinceladas sobrepostas, como camadas gordas e cheias de texturas, nuances, assemblagens, ou reflexos de pareidolias, ora com pinceladas precisas, ora com aguadas inseguras. Contudo é, sem dúvida, uma mostra de minha coloração pessoal que irradia minha alma mais íntima e que se evidencia como um selo de autenticidade e de minha peculiar singularidade.

Nesse sentido, há de se considerar o mérito desta obra de análise como expressão de um olhar artístico, em paralelismo ao estritamente filosófico. Se o artista (ente) não for o filósofo propriamente em sentido estrito, poderá o ser em sentido amplo ou impróprio. É certo que há semelhança e dessemelhança entre um e outro, artista e filósofo. Este está no centro das ideias e do poder intelectual, enquanto aquele está na periferia, distraindo-se pelas sensibilidades que o impressionam. No entanto, brota da periferia a energia da alegria e do entusiasmo mais vivaz, e há um potencial filosófico inovador na ingenuidade do artista que busca incansavelmente ou na consciência de seu despertar que, *in casu*, tornou-se capaz de ampliar o alcance da filosofia steiniana.

Com efeito, se a própria Stein fosse trilhar pelas vias mais admiráveis e afamadas da filosofia, desconsiderando os anseios de sua alma que encontra uma direção religiosa, cairia nas graças, por um lado, de um público mais elegante intelectualmente. Por outro lado, não alcançaria os que estiveram, como eu, pairando longo tempo por um *estado de deriva*, com pouca adesão aos caminhos puramente intelectuais, capazes, entretanto, de encontrar a si mesmos pelo sentimento. Nisso Stein possui um abraço mais amplo, mais humano, que alcança aqueles mais distraídos, cuja alma, ainda inconsciente, clama por um resgate.

Lembro que Stein aponta que as vivências que se apresentam no curso da vida são em nada "fortuitos" e, antes da aparente casualidade, são a realização dos planos de uma inteligência superior, que compreende o ser finito como jamais a natureza humana será capaz de compreender.[80] Isso comprova que as vivências pessoais, tomadas como matéria-prima para o desenvolvimento dos projetos dentro das oportunidades apresentadas, são compatíveis com um propósito maior. Caso assim não o fosse, Stein estaria incorrendo em equívoco.

Reitero que minha pesquisa partiu de uma experiência empírica, na qual as mudanças comportamentais percebidas, enquanto resultado particular relevante e positivo, evidenciaram-se compatíveis com um esclarecimento por meio da filosofia de Stein. A partir da pesquisa bibliográfica da filosofia steiniana, foi possível formatar um caminho capaz de interligar a experiência da arte, dentro da antropologia filosófica, ao autoconhecimento inovador, considerando a hipótese de aplicação dos resultados já alcançados no particular, sobre o âmbito da universalidade. Meu objetivo foi o de apontar a possibilidade de valer-se da experiência estética como o veículo condutor de um desvelamento pessoal, que originalmente chamei de um ato de "desvendar-se".[81]

Entre os resultados contemplados, o mais preliminar é a identificação de sete elos entre a arte e o desvendar-se, aos quais denominei de "vieses antropológicos da experiência da arte", todos analisados como conceitos valiosos na filosofia de Stein e, por si mesmos, dão à abordagem certo grau de relevância. É evidente que cada um dos conceitos abordados permite um maior aprofundamento, o que aqui não contemplei diante dos objetivos da obra.

Meu primeiro desafio foi o de adotar como campo de pesquisa, partindo de um conhecimento pessoal tão incipiente, uma seleção de obras tão vasta como bibliografia. Isso pela necessidade de identificar toda a elaboração de Stein que fosse compatível com a estética, já que me deparei com a perda irreparável do capítulo desenvolvido pela filósofa sobre a *empatia estética* dentro de sua tese doutoral, *O problema da empatia*. Percebendo que esse tema, portanto, era mui valioso aos olhos de minha filósofa, percorri

---

[80] *Cf.* Stein, 2019b, p. 142.

[81] Neste ponto, destaco a grandeza do meu orientador, o professor Iraquitan Caminha, quando, confiante no resultado, deu-me liberdade e alegrou-se comigo a cada descoberta estimulante, acolhendo com muitos bons olhos o trabalho apresentado, o que foi fundamental para uma melhor aceitação pelos especialistas da *banca avaliadora*, também dotados de uma natureza repleta de generosidade. Há que se reafirmar a prioridade que se buscou, relacionada ao espelhar da alma autoral que se encontra em um processo de esclarecimento. Portanto, o que o leitor tem em mãos é, antes de tudo, um trabalho honesto. Tem-se, por conseguinte, uma pesquisa que transborda ao tradicional, que se reveste de um caráter de *obra de arte* em si mesma, sem se despir essencialmente de seu caráter filosófico e acadêmico, ainda que permeado de uma peculiaridade verdadeira.

o maior número de obras acessíveis em todas as suas fases, encontrando chaves importantes que abriram as portas para a busca intencional. Por outro lado, ampliou-se, na mesma proporção, a vulnerabilidade a imprecisões[82], que, contudo, não maculam as respostas trazidas pela ampla análise da filosofia de Stein.

Como resultados alcançados, posso apontar, a partir de cada viés identificado e analisado dentro da experiência estética por seu caráter antropológico, os seguintes:

1. dentro do viés da *abertura*, identifiquei na experiência estética um âmbito propulsor para o sair da alma direcionando-se de maneira ampla, mormente orientada ao espírito objetivo, à interioridade, à intersubjetividade, de maneira atrativa, com potencial para ativação desde a dimensão espiritual mais básica, a perceptiva, com desdobramento em possibilidades de aprofundamento, a partir da reflexão, abstração, elaboração etc., favorecendo o diálogo entre mundo interior e exterior e a ampliação perceptiva sobre si mesmo;

2. quanto ao viés da *interioridade*, constatei a experiência estética como porta de entrada à interioridade e estímulo ao aprofundamento, por possibilitar o recolhimento reflexivo e a identificação de forças presentes na profundidade da alma, que exercem influência na superfície, possibilitando a organização, liberação e enfraquecimento desse conteúdo, abrindo o caminho para o aprofundamento do eu rumo à alma espiritual;

3. com relação ao viés do *sentimento*, verifiquei como sendo elemento não intencional e imediato, constitutivo da alma, fundamental ao tríplice desdobramento, capaz de contemplar um desenvolvimento que não se limita ao conhecimento intelectual, promovendo o preenchimento da alma com sua própria peculiaridade de maneira ativa, volitiva e imediata. Ao lado das emoções, o sentimento foi trazido como elemento inerente ao vivenciar estético, sendo meio primordial, portanto, à ativação valorativa da alma a partir de diferentes camadas, em função da intensidade da experiência;

---

[82] É o de menos, entende-se, diante dos méritos da proposta e dos resultados alcançados. Vale registrar que mesmo no campo das Ciências Exatas, os trabalhos acadêmicos inaugurais de mentes geniais, como Albert Einstein (1879-1955) ou Stephen Hawking (1942-2018), possuem inseguranças e contradições, fato que não diminui seus méritos para a humanidade.

4. quanto ao viés da *iluminação*, compreendi a concepção da ideia como um processo de amadurecimento e evolução pessoal, desde sua atração pelo artista, que encontra no aperfeiçoamento da obra, a partir do aperfeiçoamento da técnica, o aperfeiçoamento pessoal que se expressa na própria obra por seu caráter simbólico, favorecendo sua interação dentro da coletividade, partindo de um "artista ingênuo e individual" até chegar ao "artista desperto e cultural";

5. dentro do viés da *empatia estética*, os resultados merecem um maior grau de destaque já que cheguei a conclusões relevantes a partir de duas precisas (e preciosas) constatações: (1) a admissibilidade literal encontrada dentro do pensamento de Stein de uma relação de empatia que possa ter como parte o objeto de arte que, enquanto expressão consciente da interioridade do artista, permite a abertura intersubjetiva com os mesmos reflexos antropológicos que a empatia própria. Dessa compreensão se desdobra a constatação de que a empatia, porquanto necessite da expressão de uma consciência, prescinde que essa consciência esteja ativa no momento da relação empática. Isso nos mostra que, do mesmo modo que é possível a experiência de empatia diante da obra de arte, esteja o artista morto ou não, por exemplo, de igual modo pode-se experienciar pela empatia a interioridade de alguém que esteja dormindo, desde que seja possível perceber sua interioridade pelas expressões trazidas materialmente ou pelas sensações aparentes corporalmente; (2) por meio da *empatia estética* há uma ampliação da capacidade interpretativa da vivência alheia, diante do caráter simbólico da obra de arte, que supera certas dificuldades linguísticas, tal qual ocorre por meio das "parábolas", ampliando a capacidade de compreensão limitada pela natureza finita do ser humano;

6. do viés da *habitualidade*, compreendi a prática artística como capaz de favorecer o desenvolvimento do caráter por sua relação que se vincula à atividade habitual, propiciando o despertar de habilidades inatas conceituadas como *Ethos* dentro do movimento criativo. Tem-se, assim, um fluxo de atividades habituais mantido por uma linha de continuidade, e a quebra dessa linha leva a uma maior dificuldade de retomada, exigindo um esforço maior individual contra uma tendência que, com a quebra, aponta para um sen-

tido contrário ao objetivo. Essa escolha já é, por si, um exercício da liberdade, quando a atividade corporal, a partir do hábito, é resultado da escolha consciente de manter-se em continuidade. Razão que leva à configuração da alma e do corpo que evolui em um mesmo processo;

7. dentro do viés da *unidade*, encontrei a arte como vínculo harmônico, tanto entre os homens, como partes unidas a um todo maior pela natureza relacional dentro de sua peculiaridade, dando uma noção de unidade que está em continuidade por um fio de nexo constituído pela cultura, de modo que todos fazem parte de uma mesma história. Pude elaborar, ademais, a partir da analogia do *Sol* perene, a análise do fenômeno da percepção da obra de arte, chegando à constatação de que o dizer da obra de arte está em *devir* e estará relacionado à *percepção integral* resultante do somatório de unidades de percepção, que se estendem pelo tempo.

Quanto ao mais, afirmei e reafirmei a experiência estética como instrumento imprescindível dentro da aplicação de qualquer atividade formativa que busque o desenvolvimento do homem na integralidade, privilegiando os sentimentos, que ativam o espírito, sem *intencionalidade*. Caso contrário, incorrer-se-á no risco de um desenvolvimento parcial e puramente intelectual, que não envolve a apreensão de valores de maneira imediata.

O resultado apresentado, ademais, lança um holofote a um tema tão precioso para Stein e serve como estímulo e como fonte de pesquisa para o desenvolvimento de novas abordagens na área da *empatia estética* e seus reflexos no desenvolvimento da pessoa humana.

Por fim, é necessário considerar que a abordagem aqui desenvolvida é resultado de meu recorte cognitivo individual a partir da minha compreensão de uma experiência vivenciada no particular, que pode ser considerada como fonte para o desenvolvimento de outras análises, sem ter, contudo, qualquer pretensão de caráter hegemônico. Como revela Stein, cada percurso é pessoal e o caminho revela-se durante a caminhada. A verdade é única, mas é alcançada gradualmente em um tempo pessoal, a partir da ampliação perceptiva. Há que se considerar que toda a formação deve ser vista dentro de um plano para a eternidade e a elevação se dá por degraus.

Pelo que foi exposto, é possível perceber que o campo é vasto e com muitas possibilidades de aprofundamento. O que aqui consegui estruturar, por meio desta obra, pouco se mostra diante do oceano de possibilidades disponível, pronto para novos mergulhos e olhares capazes de perceber a verdade por renovados prismas, compartilhando o conhecimento em comunidade ligada pela afinidade centrada na obra de Edith Stein.

REFERÊNCIAS

Obras de Edith Stein:

STEIN, E. *On the problem of empathy*. Washington: ICS Publications, 1989.

STEIN, E. Introducción a la filosofia. *In:* STEIN, E. *Obras completas II – Escritos filosóficos*. Vitoria; Madrid; Burgos: Editorial de Espiritualidad; Ediciones El Carmen; Editorial Monte Carmelo, 2005.

STEIN, E. *A ciência da Cruz*. 8. ed. São Paulo: Edições Loyola, 2014.

STEIN, E. Natureza, liberdade e graça. *Rev. Filosófica São Boaventura*, Curitiba, v. 9, n. 2, p. 119-131, jul./dez. 2015.

STEIN, E. *Vida de uma família judia e outros escritos autobiográficos*. Tradução de M. C. Ventura Wollny. São Paulo: Paulus, 2018. (Coleção Edith Stein).

STEIN, E. *Textos sobre Husserl e Tomás de Aquino*. São Paulo: Paulus, 2019a. (Coleção Edith Stein).

STEIN, E. *Ser finito e ser eterno*. Tradução de Z. C. Crepaldi. 1. ed. Rio de Janeiro: Forense Universitária, 2019b.

STEIN, E. *A mulher:* sua missão segundo a natureza e a graça. Tradução de A. J. Keller. 1. ed. Campinas: Eclesiae, 2020a.

STEIN, E. *La estrutura de la persona humana*. Madrid: Biblioteca de Autores Cristianos, 2020b.

STEIN, E. *Uma investigação sobre o Estado*. São Paulo: Paulus, 2022. (Coleção Edith Stein).

Obras de comentadores:

ALES BELO, A. *Pessoa e comunidade:* comentários - psicologia e ciências do espírito de Edith Stein. Tradução de M. Mahfoud e J. T. Garcia. Belo Horizonte: Ed. Artesã, 2015.

ALFIERI, F. *Pessoa humana e singularidade em Edith Stein*. São Paulo: Perspectiva. 2014.

ANDREATA, O. P. *Individuação da pessoa*: na ontologia de Edith Stein. Curitiba: Juruá, 2022.

BAVARESCO, G. *O conceito de pessoa em Edith Stein.* 2017. Dissertação (Mestrado em Filosofia) – Universidade de Caxias do Sul, Caxias do Sul, 2017.

BETSCHART, C. Vissuto estetico e religioso nella scoperta de la personalità secondo Edith Stein. *Teresianum*, [*s. l.*], n. 67, p. 513-526, 2016. Disponível em: https://www.brepolsonline.net/doi/pdf/10.1484/J.TER.4.2018048. Acesso em: 7 nov. 2022.

BETSCHART, C. Despliegue y desarrollo de la individualidad personal según Edith Stein. *STEINIANA: Revista de Estudios Interdisciplinarios*, [*s. l.*], v. 1, n. 1, p. 97–125, 2019. DOI: https://doi.org/10.7764/Steiniana.1.2017.6.

BORGES DE MENESES, R. D. Da pessoa ao corpo vivo pela "abertura" ao espírito segundo Edith Stein: um sentido para a humanização hospitalar. *Carthaginensia*, [*s. l.*], v. XXXIII, n. 63, 2017.

CABALLERO BONO, J. L. Ejes transversales de pensamento de Edith Stein, *Teologia y Vida*, [*s. l.*], v. LI, p. 39-58, 2010. Disponível em: https://www.scielo.cl/pdf/tv/v51n1-2/art03.pdf. Acesso em: 29 mar. 2023.

DEL ROSAL, F. I. Ficción en la idea de empatía de Edith Stein. *Ideas y Valores*, [*s. l.*], v. LXII, n. 153, dez. 2013. Disponível em: https://www.redalyc.org/articulo.oa?id=80929838007. Acesso em: 7 nov. 2022.

GELBER, L. Edith Stein como pedagoga. *In:* STEIN, E. *A mulher* (Prefácio). Tradução de A. J. Keller. 1. ed. Campinas: Eclesiae, 2020.

GERL-FALKOVITZ, H. B. Edith Stein entre Husserl e Tomás de Aquino, e para além deles. *In:* STEIN, E. *Textos sobre Husserl e Tomás de Aquino* (Prefácio). São Paulo: Paulus, 2019.

ISATTO PARISE, M. C. *As colorações da alma na análise da pessoa humana segundo Edith Stein.* 2014. Dissertação (Mestrado em Filosofia) – Universidade Federal de São Paulo, Guarulhos, 2014.

KORELC, M. Afetividade e valores segundo Edith Stein. *Argumentos* – Revista de Filosofia, Fortaleza, ano 15, n. 29, jan./jun. 2023.

KUSANO, M. B. *A antropologia de Edith Stein:* entre Deus e a filosofia. São Paulo: Ideias & Letras, 2014.

LAMAS ÁLVAREZ, V. E.; RAMOS GÓMEZ, M. Edith Stein: una teoria de la comunicabilidade de la Obra de Arte. *Anales del seminário de Historia de la Filosofia*, v. 38, n. 2, p. 307-321, 2021. Disponível em: https://revistas.ucm.es/index.php/ASHF/article/view/74269. Acesso em: 7 nov. 2022.

LAWSON, K. Art and the other: aesthetic intersubjectivity in Gadamer and Stein. *Symposium*, [s. l.], v. 24, n. 1, 2020. Disponível em: https://www.pdcnet.org/C12573E5003D645A/file/81307D2719BF1EA88525855300525129/$FILE/symposium_2020_0024_0001_0076_0093.pdf. Acesso em: 7 nov. 2022.

LOPES NUNES, E. P. Constituição do outro e do si mesmo a partir da Einfûnhlung em Edith Stein. *Ideas y Valores*, [s. l.], v. LXVIII, n. 171, p. 105-151, 2017. Disponível em: http://www.scielo.org.co/scielo.php?script=sci_arttext&pid=S0120-00622019000300105. Acesso em: 16 nov. 2022.

LOPES NUNES, E. P. Do ser finito ao ser eterno: a analogia do "Eu sou" em Edith Stein. *Revista Portuguesa de Filosofia*, Aletheia, v. 74, n. 2-3, p. 811-842, 2018.

LOPES NUNES, E. P. O desenvolvimento do ser pessoal em Edith Stein. Do núcleo à formação da pessoa. *Franciscanum*, [s. l.], v. 63, n. 175, 2021.

LOPES NUNES, E. P. Analogia temporal e analogia da pessoa em Edith Stein: para além da fenomenologia e da ontologia. *Tópicos*, México, n. 63, p. 333-358, 2022.

LUCENA DOS SANTOS, G. Motivação e liberdade: a superação do determinismo psicofísico na investigação fenomenológica de Edith Stein. *Kairós*, [s. l.], ano VIII/2, jul./dez. 2011.

LUCENA DOS SANTOS, G. A verdade da arte em Edith Stein. *In*: CORREIA, Adriano *et al.* (org.). *Fenomenologia e hermenêutica*. São Paulo: ANPOF, 2017.

LUCENA DOS SANTOS, G. Conexão transcendental entre o bem, a verdade e a beleza segundo Edith Stein. *Revista Filosófica São Boaventura*, [s. l.], v. 15, n. 2, jul./dez. 2021.

LUCENA DOS SANTOS, G.; CAMINHA, I. O. Entrevista com Ursula Anne Matthias. *Aurora*, Curitiba, v. 29, n. 48, p. 957-964, set/dez. 2017.

MAHFOUD, M. Núcleo da pessoa e ancoragem da alma segundo Edith Stein. *Revista Filosófica Boaventura*, [s. l.], v. 15, n. 2, jul. dez. 2021). Disponível em: https://revistafilosofica.saoboaventura.edu.br/filosofia/article/view/138#:~:text=Como%20alma%20da%20alma%2C%20o,de%20modo%20mais%20intensamente%20pessoalizado. Acesso em: 7 nov. 2022.

MENDES DA ROCHA, M. C. *Edith Stein para educadores:* formação integral em tempos de fragmentação. Curitiba: Appris, 2021.

MISSAGGIA, J. Sobre a originalidade de Edith Stein: o papel da distinção entre Köper (corpo físico) e Leib (corpo "vivo") para a empatia e a constituição do eu. *Rev. Filos. Aurora,* Curitiba, v. 29, n. 48, p. 799-818, set./dez. 2017. Disponível em: https://periodicos.pucpr.br/aurora/article/view/21899. Acesso em: 26 mar. 2023.

PERETTI, C.; ISATTO PARISE, M. C. As moradas da alma na perspectiva fenomenológica de Edith Stein. *Reflexão*, Campinas, n. 45, 2020. Disponível em: https://seer.sis.puc-campinas.edu.br/reflexao/article/view/5025. Acesso em: 7 nov. 2022.

PEZZELLA, A. M. A identidade pessoal: a formação da pessoa em Edith Stein. *Aoristo* - International Journal of Phenomenology, Hermeneutics and Metaphysics, [*s. l.*], v. 4, n. 2, p. 28–39, 2021. Disponível em: https://e-revista.unioeste.br/index.php/aoristo/article/view/27971. Acesso em: 10 nov. 2022.

SANCHO FERMÍN, F. J. Edith Stein: Uma intelectual católica. Introdução. *In:* STEIN, E. *Ser finito e ser eterno* (Introdução). Tradução de Z. C. Crepaldi. 1. ed. Rio de Janeiro: Forense Universitária, 2019.

SANTANA, L. *Edith Stein*: a construção do ser pessoa humana. São Paulo: Ideias & Letras, 2016.

SAVIAN FILHO, J. S. (org.). *Empatia Edmund Husserl e Edith Stein:* apresentações didáticas. São Paulo: Edições Loyola, 2014a.

SAVIAN FILHO, J. S. Fenomenologia, antropologia e releitura da tradição filosófica em Edith Stein. Prefácio. *In:* ALFIERI, F. *Pessoa humana e singularidade em Edith Stein.* 1. ed. São Paulo: Perspectiva. 2014b.

SAVIAN FILHO, J. S. A antropologia filosófico-teológica de Edith Stein na história do conceito de pessoa. 2016. Disponível em: http://ebooks.pucrs.br/edipucrs/anais/seminario-internacional-de-antropologia-teologica/assets/2016/5.pdf. Acesso em: 15 set. 2023.

SAVIAN FILHO, J. S. Uma perspectiva sobre Edith Stein e a Fenomenologia. *Argumentos* – Revista de Filosofia, ano 9, n. 18, jul./dez. 2017.

SAVIAN FILHO, J. S.; MAHFOUD. M. (org.). *Diálogos com Edith Stein:* filosofia, psicologia, educação. São Paulo: Paulus, 2017.

SBERGA, A. A. *A formação da pessoa em Edith Stein:* um percurso de conhecimento do núcleo interior. Paulos: São Paulo. 2014.

TRICARICO, C. F. Formação do ser humano e liberdade pessoal: breve estudo dos pensamentos de Edith Stein. *In*: CORREIA, Adriano *et al.* (org.). *Fenomenologia e hermenêutica.* São Paulo: ANPOF, 2017a.

TRICARICO, C. F. O eu a partir dos pensamentos de Edmund Husserl e Edith Stein. *Argumentos* – Revista de Filosofia, [*s. l.*], ano 9, n. 18, jul./dez. 2017b.

TRICARICO, C. F. *A identidade pessoal sob as perspectivas fenomenológicas de Edith Stein e Hedwig Conrad-Martius:* um estudo sobre a essência singular do indivíduo humano. 2019. Tese (Doutorado em Filosofia) – Universidade Federal de São Paulo, Guarulhos, 2019.

Obras de autores de temas-satélites:

ALVIM, M. B. *A poética da experiência:* Gestalt-terapia, fenomenologia e arte. Rio de Janeiro: Garamond, 2014.

A MÍSTICA em Santa Teresa de Ávila – LIVE com a Prof.ª Lúcia Helena Galvão de Nova Acrópole. [*S. l.: s. n.*]: 2020a. 1 vídeo, 76 min. Publicado pelo canal Nova Acrópole Brasil. Disponível em: https://www.youtube.com/watch?v=jEUfZgVywjU. Acesso em: 16 maio 2023.

A MÍSTICA em São João da Cruz – Prof.ª Lúcia Helena Galvão de Nova Acrópole. [*S. l.: s. n.*]: 2020b. 1 vídeo, 72 min. Publicado pelo canal Nova Acrópole Brasil. Disponível em: https://www.youtube.com/live/c64qXTLcrpE?feature=share. Acesso em: 16 maio 2023.

ARISTÓTELES. *Metafísica.* São Paulo: Edições Loyola, 2002.

ARISTÓTELES. *Poética e tópicos I, II, III e IV.* Tradução de M. R. Lima. 2. ed. São Paulo: Hunter Books, 2014.

CABRAL, L. T. *Preferência na dança segundo a experiência motora dos observadores:* a empatia enquanto condutor da preferência. 2014. Dissertação (Mestrado em Motrocidade Humana) – Universidade de Lisboa, Lisboa, 2014.

CABRAL, R. A arte que me pariu. *Saberes do corpo e estilos de viver,* Lumen Juris: Rio de Janeiro, p. 99-120, 2022.

DA SILVEIRA, N. *Imagens do inconsciente.* Rio de Janeiro: Tipo Editor, 1981.

DA SILVEIRA, N. *O mundo das imagens*. São Paulo: Ática, 2001.

DOLTO, F. *A imagem inconsciente do corpo*. Tradução de M. Moritz e M. Levy. São Paulo: Perspectiva, 2015.

FREUD. L. Algumas reflexões sobre a pintura. *Revista Serrote*, [s. l.], 2011. Disponível em: https://www.revistaserrote.com.br/2011/07/algumas-reflexoes-sobre-a-pintura/. Acesso em: 24 maio 2023.

JOÃO PAULO II. *Carta do Papa João Paulo II aos artistas*. 1999. Disponível em: https://www.vatican.va/content/john-paul-ii/pt/letters/1999/documents/hf_jp-ii_let_23041999_artists.html. Acesso em: 24 maio 2023.

JUNG, C. G. *O espírito na arte e na ciência*. Tradução de M. Moraes De Barros. Petrópolis: Vozes, 1971.

JUNG, C. G. *O homem e seus símbolos*: chegando ao inconsciente. Rio de Janeiro: Gráficas Estella, 1977.

MASLOW, A. H. *Introdução à psicologia do ser*. Tradução de A. Cabral. Rio de Janeiro: Eldorado, 1962. (Coleção anima).

MONTESSORI, M. *Mente absorvente* (La mente del bambino). Tradução de P. da Silveira. Rio de Janeiro: Portugália Editora, 1977.

MULHERES na Arte – Louise Bourgeois. [*S. l.: s. n.*]: 2021. 1 vídeo, 9 min. Publicado pelo canal Arte com Mag. Disponível em: https://youtu.be/uM1-jyFtoVI. Acesso em: 16 maio 2023.

PADILHA, M. A. *El arte y la beleza*. Madrid: Editorial N.A., 2006. Disponível em: https://www.nueva-acropolis.es/filiales/libros/MAP-Arte_y_belleza.pdf. Acesso em: 1 jun. 2023.

ROMANELLI, R. A. *A pedagogia Waldorf:* formação humana e arte. Curitiba: Appris, 2018.

SANTA TERESA DE JESUS. *Obras completas*. 7. ed. Aguilar; Madrid: S. A. de Ediciones, 1951.

STEINER, R. *A arte de educar baseada na compreensão do ser humano*. Tradução de M. C. Filardo Lauretti. 2. ed. São Paulo: Antroposófica, 2013.

SUASSUNA, A. *Iniciação à estética*. 15. ed. Rio de Janeiro: Nova Fronteira, 2018.

Obras de autores de imagens estéticas:

BAUM, F. *O mágico de Oz*. Tradução de S. Nazarian. São Paulo: Barba Negra; Leya, 2011.

JOYCE, J. *Ulysses*. Tradução de A. Houaiss. São Paulo: Artegráfica, 1975.

TOLSTÓI, L. *Senhor e servo:* e outras histórias. Tradução de T. Belinky. Porto Alegre: L&PM, 2014.

TOLSTÓI, L. *Ana Karenina*. Tradução de L. Cardoso. 3. ed. Rio de Janeiro: Nova Fronteira, 2022.

VÁSSINA, E. Ana Karenina, não apenas um dos maiores livros de amor da literatura universal. *In:* TOLSTÓI, *Ana Karenina*. Rio de Janeiro: Nova Fronteira, 2022.